Bucătăria Asiatică 2023
Rețete Autentice din Vietnam și China

Alecu Petrescu

Cuprins

Carne de porc friptă picant 9
chifle de porc aburite 10
carne de porc cu varza 12
Carne de porc cu varza si rosii 14
Carne de porc marinata cu varza 15
Carne de porc cu telina 17
Carne de porc cu castane si ciuperci 18
cotlet de porc suey 18
Chow Mein de porc 21
Chow Mein de porc prăjit 22
carne de porc cu chutney 23
Carne de porc cu castraveți 24
pachete crocante de porc 25
rulouri de ou de porc 26
Rulouri cu ouă de porc și creveți 27
Carne de porc la fiert cu ou 28
porc de foc 29
file de porc prajit 30
Carne de porc cu cinci condimente 31
Carne de porc fiertă parfumată 32
Carne de porc cu usturoi tocat marunt 33
Carne de porc sotata cu ghimbir 34
Carne de porc cu fasole verde 35
Carne de porc cu sunca si tofu 36
Frigarui de porc prajit 38
Cot de porc înăbușit în sos roșu 39
carne de porc marinată 41
Cotlete de porc marinate 42
Carne de porc cu ciuperci 43
friptură de carne aburită 44
Carne de porc gătită roșie cu ciuperci 45
Clatita de porc cu taitei 46

Carne de porc și creveți cu clătită cu tăiței 47
Carne de porc cu sos de stridii 48
carne de porc cu alune 49
Carne de porc cu boia 51
Carne de porc picant cu murături 52
Carne de porc cu sos de prune 53
Carne de porc cu creveți 54
carne de porc rosu fiarta 55
Carne de porc in sos rosu 56
Carne de porc cu taitei de orez 58
bile de porc delicioase 60
cotlete de porc la gratar 61
carne de porc condimentată 62
Felii de porc alunecoase 64
Carne de porc cu spanac și morcovi 65
carne de porc la aburi 66
prăjit de porc 67
Carne de porc cu cartofi dulci 68
porc dulce acrișor 69
carne de porc sarata 71
Carne de porc cu tofu 72
porc prăjit 73
carne de porc fiertă de două ori 74
Carne de porc cu legume 75
Carne de porc cu nuca 77
wontonuri de porc 78
Carne de porc cu castane de apa 79
Wonton de porc și creveți 80
chiftele aburite 81
Coaste pentru bebeluși cu sos de fasole neagră 83
coaste la grătar 85
Coaste de arțar prăjite 86
coaste de porc prăjite 87
Coaste cu praz 88
Coaste cu ciuperci 90
Coaste cu portocale 91

Coaste de ananas 93
Creveți crocanți 95
Coaste cu vin de orez 96
Coaste cu susan 97
Costite dulci si moi 99
Coaste sote 101
Coaste cu roșii 102
carne de porc la gratar 104
Carne de porc rece cu muștar 105
Carne de porc prăjită chinezească 106
Carne de porc cu spanac 107
bile de porc prajite 108
Rulouri cu ouă de porc și creveți 109
Carne de porc tocata la abur 111
Carne de porc prajita cu carne de crab 112
Carne de porc cu muguri de fasole 113
Piure simplu de pui 114
Pui in sos de rosii 116
Pui cu rosii 116
Pui poșat cu roșii 117
Pui si rosii cu sos de fasole neagra 118
Pui gătit rapid cu legume 119
pui cu nuci 120
Pui cu nuci 121
Pui cu castane de apa 122
Pui sarat cu castane de apa 123
wonton de pui 125
aripioare de pui crocante 126
Aripioare de pui cu cinci condimente 127
Aripioare de pui marinate 128
Aripioare de pui regale 130
Aripioare de pui condimentate 132
pulpe de pui la gratar 133
Pulpe de pui Hoisin 134
pui la fiert 135
pui prajit crocant 136

Pui întreg prăjit 138
Pui cu cinci condimente 139
Pui cu ghimbir si arpagic 140
pui poșat 141
Pui fiert roșu 142
Pui cu condimente gătit în roșu 143
pui prajit cu susan 144
Pui în sos de soia 145
pui la aburi 146
Pui la abur cu anason 147
pui cu gust ciudat 148
Bucăți crocante de pui 149
Pui cu fasole verde 150
Pui fiert cu ananas 151
Pui cu ardei si rosii 152
pui susan 153
poussin prajit 154
Turcia cu Mangetout 155
Curcan cu boia 157
Curcan la grătar chinezesc 159
Curcan cu nuci si ciuperci 160
Rață cu muguri de bambus 161
Rață cu muguri de fasole 162
rață înăbușită 163
Rață la abur cu țelină 164
Rață cu ghimbir 165
Rață cu fasole verde 167
rață friptă la abur 169
Rață cu fructe exotice 170
Rață înăbușită cu frunze chinezești 172
rață beată 173
cinci rață condimentată 174
Rață sotă cu ghimbir 175
Rață cu șuncă și praz 176
rață friptă cu miere 177
rață friptă umedă 178

Rață sotă cu ciuperci 179
Rață cu două ciuperci 181
Tocană de rață cu ceapă 182
Rață cu portocală 184
Rață prăjită întreagă cu portocale 185
Rață cu pere și castane 186
Rață la Peking 187
Rață înăbușită cu ananas 190
Rață sotă cu ananas 191
Ananas și Rață Ghimbir 193
Rață cu ananas și litchi 194
Rață cu porc și castane 195
Rață cu cartofi 196
Rață fiartă roșie 198
Rață friptă cu vin de orez 199
Rață la abur cu vin de orez 200
Rață de sare 201
Rață sărată cu fasole verde 202
Rață gătită lent 204
Rață sotă 205
rață cu cartofi dulci 206
rață dulce-acrișoară 208
rață mandarină 211
Rață cu legume 211
Rață sotă cu legume 213
Rață fiartă albă 215
rață cu vin 216

Carne de porc friptă picant

pentru 4 persoane

450 g / 1 lb carne de porc, tăiată cubulețe

sare si piper

30 ml / 2 linguri sos de soia

30 ml / 2 linguri sos hoisin

45 ml / 3 linguri ulei de arahide (arahide)

120 ml / 4 fl oz / ½ cană vin de orez sau sherry uscat

300 ml / ½ pt / 1 ¼ cani supa de pui

5 ml / 1 linguriță praf de cinci condimente

6 cepe de primăvară (cepe), tocate

225 g / 8 oz ciuperci stridii, feliate

15 ml / 1 lingură făină de porumb (amidon de porumb)

Se condimentează carnea cu sare şi piper. Se aseaza pe o farfurie si se amesteca sosul de soia si hoisin. Se acopera si se lasa la marinat 1 ora. Încinge uleiul şi prăjeşte carnea până se rumeneşte. Adăugați vin sau sherry, bulion şi pudră de 5 condimente, aduceți la fierbere, acoperiți şi fierbeți timp de 1 oră. Adaugati ceapa primavara si ciupercile, scoateti capacul si fierbeti inca 4 minute. Amestecați amidonul de porumb cu puțină apă, aduceți la fiert şi fierbeți, amestecând, timp de 3 minute până se îngroaşă sosul.

chifle de porc aburite

acum 12

30 ml / 2 linguri sos hoisin

15 ml/1 lingura sos de stridii

15 ml/1 lingura sos de soia

2,5 ml / ½ linguriță ulei de susan

30 ml / 2 linguri ulei de arahide

10 ml / 2 lingurițe rădăcină de ghimbir rasă

1 cățel de usturoi zdrobit

300 ml / ½ pt / 1¼ cană apă

15 ml / 1 lingură făină de porumb (amidon de porumb)

225 g / 8 oz carne de porc fiartă, tocată mărunt

4 cepe primare (cepe), tocate mărunt

350 g / 12 oz / 3 căni de făină universală

15 ml/1 lingura praf de copt

2,5 ml / ½ linguriță sare

50 g / 2 oz / ½ cană untură

5 ml / 1 linguriță oțet

12 x 13 cm pătrate de hârtie cerată

Se amestecă hoisin, stridiile și sosurile de soia și uleiul de susan. Încinge uleiul și prăjește ghimbirul și usturoiul până capătă puțină culoare. Adăugați amestecul de sos și prăjiți timp de 2 minute. Se amestecă 120 ml / ½ cană de apă cu făina de porumb și se amestecă în tigaie. Se aduce la fierbere, se amestecă și se fierbe până când amestecul se îngroașă. Se adauga carnea de porc si ceapa si se lasa sa se raceasca.

Se amestecă făina, praful de copt și sarea. Frecați untura până când amestecul seamănă cu pesmetul fin. Se amestecă oțetul și apa rămasă și apoi se amestecă cu făina pentru a forma un aluat ferm. Se framanta usor pe o suprafata infainata, se acopera si se lasa sa se odihneasca 20 de minute.

Frământați din nou aluatul, apoi împărțiți-l în 12 și modelați fiecare câte o bilă. Se întinde în cercuri de 6/15 cm pe o suprafață tapetă cu făină. Puneți linguri de umplutură în centrul fiecărui cerc, ungeți marginile cu apă și prindeți marginile împreună pentru a sigila umplutura. Ungeți o parte a fiecărui pătrat de hârtie de pergament cu ulei. Așezați fiecare chiflă pe un pătrat de hârtie, cu cusătura în jos. Puneți chiflele într-un singur strat pe un grătar peste apă clocotită. Acoperiți și gătiți chiflele la abur timp de aproximativ 20 de minute până când sunt fierte.

carne de porc cu varza

pentru 4 persoane

6 ciuperci chinezești uscate

30 ml / 2 linguri ulei de arahide

450 g / 1 lb carne de porc, tăiată fâșii

2 cepe feliate

2 ardei roșii tăiați fâșii

350 g / 12 oz varză albă, mărunțită

2 catei de usturoi tocati

2 bucati de ghimbir, tocat

30 ml / 2 linguri de miere

45 ml / 3 linguri sos de soia

120 ml / 4 fl oz / ½ cană vin alb uscat

sare si piper

10 ml / 2 lingurițe de făină de porumb (amidon de porumb)

15 ml/1 lingura de apa

Înmuiați ciupercile în apă caldă timp de 30 de minute, apoi scurgeți-le. Aruncați tulpinile și tăiați vârfurile. Încinge uleiul și prăjește carnea de porc până capătă puțină culoare. Adăugați legumele, usturoiul și ghimbirul și prăjiți timp de 1 minut. Adăugați mierea, sosul de soia și vinul, aduceți la fierbere, acoperiți și fierbeți timp de 40 de minute până când carnea este gătită. Asezonați cu sare și piper. Combinați făina de porumb și apa și amestecați în tigaie. Se aduce la fierbere, amestecând constant și se fierbe timp de 1 minut.

Carne de porc cu varza si rosii

pentru 4 persoane

30 ml / 2 linguri ulei de arahide
450g/1lb carne de porc slabă, feliată
sare si piper proaspat macinat
1 căţel de usturoi zdrobit
1 ceapa tocata marunt
½ varză albă, mărunţită
450 g / 1 lb roşii, curăţate şi tăiate în sferturi
250 ml / 8 fl oz / 1 cană bulion
30 ml / 2 linguri faina de porumb (amidon de porumb)
15 ml/1 lingura sos de soia
60 ml / 4 linguri de apă

Încinge uleiul şi prăjeşte carnea de porc, sare, piper, usturoi şi ceapa până capătă puţină culoare. Adăugaţi varza, roşiile şi bulionul, aduceţi la fierbere, acoperiţi şi fierbeţi timp de 10 minute până când varza este fragedă. Amestecaţi făina de porumb, soia şi apa într-o pastă, amestecaţi în tigaie şi fierbeţi, amestecând, până când sosul se limpezeşte şi se îngroaşă.

Carne de porc marinata cu varza

pentru 4 persoane

350 g / 12 oz panceta

2 cepe de primăvară (cepe), tocate

1 felie de ghimbir, tocata marunt

1 baton de scortisoara

3 cuişoare anason stelat

45 ml / 3 linguri zahăr brun

600ml / 1pt / 2½ căni de apă

15 ml/1 lingura ulei de arahide

15 ml/1 lingura sos de soia

5 ml / 1 lingurita piure de rosii (pasta)

5 ml / 1 linguriţă sos de stridii

100 g / 4 oz inimioare de bok choy

100g / 4oz pak choi

Tăiaţi carnea de porc în bucăţi de 10/4 cm şi puneţi-o într-un bol. Adauga ceapa primavara, ghimbir, scortisoara, anason stelat, zahar si apa si lasa 40 de minute. Se incinge uleiul, se scoate carnea de porc din marinata si se adauga in tigaie. Se prăjeşte până devine uşor auriu, apoi se adaugă soia, piureul de roşii şi sosul de stridii. Se aduce la fierbere şi se fierbe aproximativ 30 de minute până când carnea de porc este fragedă şi lichidul s-a redus, dacă este necesar mai adăugați puțină apă în timpul gătitului.

Între timp, fierbeți inimioarele de varză și pak choi peste apă clocotită timp de aproximativ 10 minute până când se înmoaie. Așezați-le pe o farfurie fierbinte de servire, acoperiți cu carnea de porc și turnați peste sos.

Carne de porc cu telina

pentru 4 persoane

45 ml / 3 linguri ulei de arahide (arahide)

1 cățel de usturoi zdrobit

1 ceapa primavara (ceapa primavara), tocata

1 felie de ghimbir, tocata marunt

225g/8oz carne de porc slabă, tăiată fâșii

100 g țelină, feliată subțire

45 ml / 3 linguri sos de soia

15 ml / 1 lingura vin de orez sau sherry uscat

5 ml / 1 linguriță făină de porumb (amidon de porumb)

Se incinge uleiul si se calesc usturoiul, ceapa primavara si ghimbirul pana capata putina culoare. Adăugați carnea de porc și prăjiți timp de 10 minute până se rumenește. Adăugați țelina și prăjiți timp de 3 minute. Adăugați restul ingredientelor și prăjiți timp de 3 minute.

Carne de porc cu castane si ciuperci

pentru 4 persoane

4 ciuperci chinezești uscate

100 g / 4 oz / 1 cană castane

30 ml / 2 linguri ulei de arahide

2,5 ml / ½ linguriță sare

450g/1lb carne de porc slabă, tăiată cubulețe

15 ml/1 lingura sos de soia

375 ml / 13 fl oz / 1½ cani supa de pui

100g / 4oz castane de apă, feliate

Înmuiați ciupercile în apă caldă timp de 30 de minute, apoi scurgeți-le. Aruncați tulpinile și tăiați vârfurile în jumătate. Se fierb castanele timp de 1 minut in apa clocotita si se scurg. Se încălzește uleiul și sarea și apoi se prăjește carnea de porc până se rumenește. Adăugați sosul de soia și prăjiți timp de 1 minut. Adăugați bulionul și aduceți-l la fiert. Adăugați castanele și castanele de apă, aduceți din nou la fiert, acoperiți și fierbeți aproximativ 1 1/2 ore până când carnea este fragedă.

cotlet de porc suey

pentru 4 persoane

100 g / 4 oz muguri de bambus, tăiați în fâșii

100g / 4oz castane de apă, feliate subțiri

60 ml / 4 linguri ulei de arahide

3 cepe de primăvară (cepe), tocate

2 catei de usturoi, tocati

1 felie de ghimbir, tocata marunt

225g/8oz carne de porc slabă, tăiată fâșii

45 ml / 3 linguri sos de soia

15 ml / 1 lingura vin de orez sau sherry uscat

5 ml/1 lingurita de sare

5 ml/1 lingurita de zahar

piper proaspăt măcinat

15 ml / 1 lingură făină de porumb (amidon de porumb)

Albește lăstarii de bambus și udă castanele în apă clocotită timp de 2 minute, se scurg și se usucă. Se încălzesc 45 ml / 3 linguri de ulei și se prăjesc ceapa primăvară, usturoiul și ghimbirul până capătă puțină culoare. Adăugați carnea de porc și prăjiți timp de 4 minute. Scoateți din tigaie.

Încinge uleiul rămas și prăjește legumele timp de 3 minute. Adăugați carne de porc, soia, vin sau sherry, sare, zahăr și un praf de piper și prăjiți timp de 4 minute. Se amestecă făina de porumb cu puțină apă, se amestecă în tigaie și se fierbe, amestecând, până când sosul se limpezește și se îngroașă.

Chow Mein de porc

pentru 4 persoane

4 ciuperci chinezești uscate

30 ml / 2 linguri ulei de arahide

2,5 ml / ½ linguriță sare

4 cepe de primăvară (cepe), tocate

225g/8oz carne de porc slabă, tăiată fâșii

15 ml/1 lingura sos de soia

5 ml/1 lingurita de zahar

3 tulpini de telina, tocate

1 ceapă, tăiată felii

100 g / 4 oz ciuperci, tăiate la jumătate

120 ml / 4 fl oz / ½ cană bulion de pui

taitei prajiti

Înmuiați ciupercile în apă caldă timp de 30 de minute, apoi scurgeți-le. Aruncați tulpinile și tăiați vârfurile. Se incinge uleiul si sarea si se caleste ceapa primavara pana se inmoaie. Adăugați carnea de porc și prăjiți până se rumenește ușor. Se amestecă sosul de soia, zahărul, țelina, ceapa și ciupercile proaspete și uscate și se prăjesc aproximativ 4 minute până când ingredientele sunt bine amestecate. Adăugați bulionul și fierbeți timp de 3 minute. Adăugați jumătate din tăiței în tigaie și amestecați ușor, apoi adăugați restul de tăiței și amestecați până se încălzesc.

Chow Mein de porc prăjit

pentru 4 persoane

100 g / 4 oz muguri de fasole

45 ml / 3 linguri ulei de arahide (arahide)

100 g / 4 oz bok choy, mărunțit

225 g / 8 oz friptură de porc, feliată

5 ml/1 lingurita de sare

15 ml / 1 lingura vin de orez sau sherry uscat

Se albesc mugurii de fasole în apă clocotită timp de 4 minute și se scurg. Se incinge uleiul si se prajesc mugurii de fasole si varza pana se inmoaie. Adăugați carnea de porc, sare și sherry și prăjiți până se încălzește. Adăugați jumătate din tăițeii scurți în tigaie și amestecați ușor până se încălzesc. Adăugați tăițeii rămași și amestecați până se încălzesc.

carne de porc cu chutney

pentru 4 persoane

5 ml / 1 linguriță praf de cinci condimente

5 ml / 1 linguriță pudră de curry
450 g / 1 lb carne de porc, tăiată fâșii
30 ml / 2 linguri ulei de arahide
6 cepe de primăvară (cepe), tăiate fâșii
1 baton de telina, taiata fasii
100 g / 4 oz muguri de fasole
1 conserve de 200 g de murături dulci chinezești, tăiate cubulețe
45 ml / 3 linguri chutney de mango
30 ml / 2 linguri sos de soia
30 ml / 2 linguri piure de roșii (pastă)
150 ml / ¼ pt / ½ cană generoasă bulion de pui
10 ml / 2 lingurițe de făină de porumb (amidon de porumb)

Frecați bine condimentele în carnea de porc. Încinge uleiul și prăjește carnea timp de 8 minute sau până când este gătită. Scoateți din tigaie. Adăugați legumele în tigaie și prăjiți timp de 5 minute. Pune carnea de porc înapoi în tigaie cu toate celelalte ingrediente, cu excepția porumbului. Se amestecă până când este foarte fierbinte. Amestecați făina de porumb cu puțină apă, amestecați în tigaie și gătiți la foc mic în timp ce amestecați până se îngroașă sosul.

Carne de porc cu castraveți

pentru 4 persoane

225g/8oz carne de porc slabă, tăiată fâșii

30 ml / 2 linguri făină universală

sare si piper proaspat macinat

60 ml / 4 linguri ulei de arahide

225 g / 8 oz castraveți, curățați și tăiați felii

30 ml / 2 linguri sos de soia

Se amestecă carnea de porc cu făina și se condimentează cu sare și piper. Se încălzește uleiul și se prăjește carnea de porc aproximativ 5 minute până este gătită. Se adauga castravetele si sosul de soia si se prajesc inca 4 minute. Verificați și ajustați condimentele și serviți cu orez prăjit.

pachete crocante de porc

pentru 4 persoane

4 ciuperci chinezești uscate

30 ml / 2 linguri ulei de arahide

225 g/8 oz muschi de porc, macinat (macinat)
50 g / 2 oz creveți, decojiți și tocați
15 ml/1 lingura sos de soia
15 ml / 1 lingură făină de porumb (amidon de porumb)
30 ml / 2 linguri de apă
8 huse role de primăvară
100 g / 4 oz / 1 cană făină de porumb (maizena)
ulei pentru prajit

Înmuiați ciupercile în apă caldă timp de 30 de minute, apoi scurgeți-le. Aruncați tulpinile și tăiați mărunt vârfurile. Se încălzește uleiul și se prăjesc ciupercile, carnea de porc, creveții și soia timp de 2 minute. Amestecați făina de porumb și apa într-o pastă și amestecați în amestec pentru a face umplutura.

Taiati invelisurile fasii, puneti putina umplutura la capatul fiecaruia si rulati in triunghiuri, acoperiti cu putin din amestecul de faina si apa. Se presară generos cu mălai. Încinge uleiul și prăjește triunghiurile până devin crocante și aurii. Scurgeți bine înainte de servire.

rulouri de ou de porc

pentru 4 persoane

225 g / 8 oz carne de porc slabă, mărunțită

1 felie de ghimbir, tocata marunt

1 ceapa primavara tocata

15 ml/1 lingura sos de soia

15 ml/1 lingura de apa

12 rulouri de ouă

1 ou bătut

ulei pentru prajit

Amestecați carnea de porc, ghimbirul, ceapa, soia și apa. Puneți o parte din umplutură în centrul fiecărei coaje și ungeți marginile cu ou bătut. Îndoiți părțile laterale, apoi rulați rulada de ouă departe de dvs., sigilând marginile cu ou. Se fierbe pe grătar într-un cuptor cu abur timp de 30 de minute până când carnea de porc este gătită. Încinge uleiul și prăjește câteva minute până devine crocant și auriu.

Rulouri cu ouă de porc și creveți

pentru 4 persoane

30 ml / 2 linguri ulei de arahide

225 g / 8 oz carne de porc slabă, mărunțită

6 cepe de primăvară (cepe), tocate

225 g / 8 oz muguri de fasole

100 g / 4 oz creveți decojiți, tocați

15 ml/1 lingura sos de soia

2,5 ml / ½ linguriță sare

12 rulouri de ouă

1 ou bătut

ulei pentru prajit

Se încălzește uleiul și se prăjește carnea de porc și ceapa primăvară până capătă puțină culoare. Intre timp, se calesc mugurii de fasole in apa clocotita timp de 2 minute si se scurg. Puneți mugurii de fasole în tigaie și prăjiți timp de 1 minut. Se adauga crevetii, sosul de soia si sarea si se prajesc 2 minute. Lasa sa se raceasca.

Puneți niște umplutură în centrul fiecărei coaje și ungeți marginile cu ou bătut. Îndoiți părțile laterale și apoi rulați rulourile cu ouă, sigilând marginile cu ou. Încinge uleiul și prăjește rulourile cu ouă până devin crocante și aurii.

Carne de porc la fiert cu ou

pentru 4 persoane

450 g / 1 lb carne de porc slabă

30 ml / 2 linguri ulei de arahide

1 ceapa tocata

90 ml / 6 linguri sos de soia

45 ml / 3 linguri vin de orez sau sherry uscat

15 ml/1 lingura zahar brun

3 oua fierte tari (fierte tari)

Aduceți o oală cu apă la fiert, adăugați carnea de porc, aduceți din nou la fiert și fierbeți până se îngroașă. Scoateți din tavă, scurgeți bine, apoi tăiați cubulețe. Se incinge uleiul si se caleste ceapa pana se inmoaie. Adăugați carnea de porc și prăjiți până se rumenește ușor. Adăugați sos de soia, vin sau sherry și zahăr, acoperiți și fierbeți timp de 30 de minute, amestecând din când în când. Răzuiți ușor exteriorul ouălor, apoi puneți-le în tigaie, acoperiți și fierbeți încă 30 de minute.

porc de foc

pentru 4 persoane

450 g / 1 kg muschi de porc, taiat fasii

30 ml / 2 linguri sos de soia

30 ml / 2 linguri sos hoisin

5 ml / 1 linguriță praf de cinci condimente

15 ml / 1 lingura piper

15 ml/1 lingura zahar brun

15 ml/1 lingura ulei de susan

30 ml / 2 linguri ulei de arahide

6 cepe de primăvară (cepe), tocate

1 ardei verde taiat bucati

200 g / 7 oz muguri de fasole

2 felii de ananas, taiate cubulete

45 ml / 3 linguri sos de rosii (ketchup)

150 ml / ¼ pt / ½ cană generoasă bulion de pui

Pune carnea într-un bol. Amestecați sosul de soia, sosul hoisin, pudra cu cinci condimente, piperul și zahărul, turnați peste carne și marinați timp de 1 oră. Încinge uleiurile și prăjește carnea până se rumenește. Scoateți din tigaie. Se adauga legumele si se prajesc 2 minute. Adăugați ananasul, sosul de roșii și bulionul și aduceți la fierbere. Întoarceți carnea în tigaie și încălziți înainte de servire.

file de porc prajit

pentru 4 persoane

350 g / 12 oz muschi de porc, taiat cubulete

15 ml / 1 lingura vin de orez sau sherry uscat

15 ml/1 lingura sos de soia

5 ml / 1 linguriță ulei de susan

30 ml / 2 linguri faina de porumb (amidon de porumb)

ulei pentru prajit

Amestecați carnea de porc, vinul sau sherry, sosul de soia, uleiul de susan și făina de porumb, astfel încât carnea de porc să fie acoperită cu un aluat gros. Încinge uleiul și prăjește carnea de porc aproximativ 3 minute până devine crocantă. Scoatem carnea de porc din tigaie, incingem din nou uleiul si prajim din nou aproximativ 3 minute.

Carne de porc cu cinci condimente

pentru 4 persoane

225 g/8 oz carne de porc slabă

5 ml / 1 linguriță făină de porumb (amidon de porumb)

2,5 ml / ½ linguriță pudră cu cinci condimente

2,5 ml / ½ linguriță sare

15 ml / 1 lingura vin de orez sau sherry uscat

20 ml / 2 linguri ulei de arahide

120 ml / 4 fl oz / ½ cană bulion de pui

Tăiați carnea de porc în felii subțiri împotriva bobului. Se amestecă carnea de porc cu mălaiul, cinci condimente, sarea și vinul sau sherry și se amestecă bine pentru a acoperi carnea de porc. Se lasă 30 de minute, amestecând din când în când. Se încălzește uleiul, se adaugă carnea de porc și se prăjește aproximativ 3 minute. Adăugați bulionul, aduceți la fierbere, acoperiți și fierbeți timp de 3 minute. Serviți imediat.

Carne de porc fiertă parfumată

Se servește de la 6 la 8

1 bucată de coajă de mandarină
45 ml / 3 linguri ulei de arahide (arahide)
900 g/2 lb carne de porc slabă, tăiată cubulețe
250 ml / 8 fl oz / 1 cană vin de orez sau sherry uscat
120 ml / 4 fl oz / ½ cană sos de soia
2,5 ml / ½ linguriță pudră de anason

½ baton de scortisoara

4 dinti

5 ml/1 lingurita de sare

250 ml / 8 fl oz / 1 cană apă

2 cepe de primăvară (cepe), tăiate felii

1 felie de ghimbir, tocata marunt

Înmuiați coaja de mandarine în apă în timp ce pregătiți vasul. Încinge uleiul și prăjește carnea de porc până capătă puțină culoare. Adăugați vin sau sherry, soia, praf de anason, scorțișoară, cuișoare, sare și apă. Se aduce la fierbere, se adauga coaja de mandarina, ceapa primavara si ghimbirul. Acoperiți și fierbeți timp de aproximativ 1½ oră până când se înmoaie, amestecând din când în când și adăugând puțină apă clocotită dacă este necesar. Scoateți condimentele înainte de servire.

Carne de porc cu usturoi tocat marunt

pentru 4 persoane

450 g / 1 lb burtă de porc, fără piele

3 felii de rădăcină de ghimbir

2 cepe de primăvară (cepe), tocate

30 ml / 2 linguri de usturoi tocat mărunt

30 ml / 2 linguri sos de soia

5 ml/1 lingurita de sare

15 ml / 1 lingura supa de pui
2,5 ml / ½ linguriță ulei de chili
4 crengute coriandru

Pune carnea de porc într-o cratiță cu ghimbir și ceapa primăvară, se acoperă cu apă, se aduce la fierbere și se fierbe timp de 30 de minute până se fierbe. Se scot și se scurge bine, apoi se taie în felii subțiri de aproximativ 5 cm / 2 în pătrat. Puneți feliile într-o strecurătoare de metal. Fierbeți o cratiță cu apă, adăugați feliile de porc și gătiți timp de 3 minute până se încălzesc. Așezați pe o farfurie caldă de servire. Se amestecă usturoiul, sosul de soia, sarea, bulionul și uleiul de chili și se toarnă peste carnea de porc. Serviți ornat cu coriandru.

Carne de porc sotata cu ghimbir

pentru 4 persoane
225 g/8 oz carne de porc slabă
5 ml / 1 linguriță făină de porumb (amidon de porumb)
30 ml / 2 linguri sos de soia
30 ml / 2 linguri ulei de arahide
1 felie de ghimbir, tocata marunt
1 ceapă de primăvară (ceapă ceapă), tăiată felii
45 ml / 3 linguri de apă
5 ml / 1 linguriță zahăr brun

Tăiați carnea de porc în felii subțiri împotriva bobului. Adăugați făina de porumb, apoi stropiți cu sos de soia și amestecați din nou. Se încălzește uleiul și se prăjește carnea de porc timp de 2 minute până este gătită. Adăugați ghimbirul și ceapa primăvară și prăjiți timp de 1 minut. Adăugați apă și zahăr, acoperiți și fierbeți timp de aproximativ 5 minute până când sunt fierte.

Carne de porc cu fasole verde

pentru 4 persoane

450 g / 1 kg fasole verde, tăiată în bucăți

30 ml / 2 linguri ulei de arahide

2,5 ml / ½ linguriță sare

1 felie de ghimbir, tocata marunt

225 g/8 oz carne de porc slabă, măcinată (măcinată)

120 ml / 4 fl oz / ½ cană bulion de pui

75 ml / 5 linguri de apă

2 oua

15 ml / 1 lingură făină de porumb (amidon de porumb)

Gătiți fasolea aproximativ 2 minute și scurgeți-o. Încinge uleiul și prăjește sarea și ghimbirul pentru câteva secunde. Adăugați carnea de porc și prăjiți până se rumenește ușor. Se adauga fasolea si se caleste 30 de secunde, acoperind cu ulei. Adăugați bulion, aduceți la fierbere, acoperiți și fierbeți timp de 2 minute. Bateți 30 ml / 2 linguri de apă cu ouăle și amestecați-le în tigaie. Amestecați apa rămasă cu mălaiul. Când ouăle încep să se întărească, adăugați făina de porumb și gătiți până când amestecul se îngroașă. Serviți imediat.

Carne de porc cu sunca si tofu

pentru 4 persoane

4 ciuperci chinezești uscate
5 ml / 1 linguriță ulei de arahide
100 g / 4 oz șuncă afumată, feliată
225 g / 8 oz tofu, feliat
225g/8oz carne de porc slabă, feliată
15 ml / 1 lingura vin de orez sau sherry uscat
sare si piper proaspat macinat
1 felie de ghimbir, tocata marunt

1 ceapa primavara (ceapa primavara), tocata
10 ml / 2 linguriţe de făină de porumb (amidon de porumb)
30 ml / 2 linguri de apă

Înmuiaţi ciupercile în apă caldă timp de 30 de minute, apoi scurgeţi-le. Aruncaţi tulpinile şi tăiaţi vârfurile în jumătate. Ungeţi un vas termorezistent cu ulei de arahide. Alternati ciupercile, sunca, tofu si carnea de porc in farfurie, cu carne de porc deasupra. Stropiţi cu vin sau sherry, sare şi piper, ghimbir şi ceapă primăvară. Acoperiţi şi fierbeţi pe un grătar peste apă clocotită timp de aproximativ 45 de minute, până când sunt fierte. Se toarnă sosul din bol fără a deranja ingredientele. Adăugaţi suficientă apă pentru a face 250 ml / 8 fl oz / 1 cană. Se amestecă făina de porumb şi apa şi se amestecă cu sosul. Transferaţi în bol şi fierbeţi, amestecând, până când sosul devine uşor şi se îngroaşă. Amestecul de carne de porc se pune pe un platou de servire cald, se toarna peste sos si se serveste.

Frigarui de porc prajit

pentru 4 persoane

450 g / 1 lb muschiu de porc, feliat subtire
100 g / 4 oz șuncă fiartă, feliată subțire
6 castane de apă, feliate subțiri
30 ml / 2 linguri sos de soia
30 ml / 2 linguri de otet
15 ml/1 lingura zahar brun
15 ml/1 lingura sos de stridii
câteva picături de ulei de chili

45 ml / 3 linguri faina de porumb (amidon de porumb)
30 ml / 2 linguri vin de orez sau sherry uscat
2 oua batute
ulei pentru prajit

Așezați alternativ carnea de porc, șunca și castanele de apă pe frigărui mici. Amestecați soia, oțetul, zahărul, sosul de stridii și uleiul de chili. Se toarna peste frigarui, se acopera si se lasa la marinat la frigider 3 ore. Amestecați făina de porumb, vinul sau sherry și ouăle până când obțineți un aluat fin și gros. Întoarceți frigăruile în aluat pentru a le acoperi. Se incinge uleiul si se prajeste frigaruia pana devine usor aurie.

Cot de porc înăbușit în sos roșu

pentru 4 persoane
1 ciocan mare de porc
1 l / 1½ puncte / 4¼ cani de apă clocotită
5 ml/1 lingurita de sare
120 ml / 4 fl oz / ½ cană oțet
120 ml / 4 fl oz / ½ cană sos de soia
45 ml / 3 linguri de miere
5 ml / 1 linguriță ienupăr
5 ml/1 linguriță de anason
5 ml / 1 linguriță coriandru

60 ml / 4 linguri ulei de arahide
6 cepe de primăvară (cepe), tăiate felii
2 morcovi, feliați subțiri
1 țelină, feliată
45 ml / 3 linguri sos hoisin
30 ml / 2 linguri chutney de mango
75 ml / 5 linguri piure de roșii (pastă)
1 cățel de usturoi zdrobit
60 ml / 4 linguri arpagic tocat

Fierbeți ciotul de porc cu apă, sare, oțet, 45 ml / 3 linguri sos de soia, miere și condimente. Adăugați legumele, aduceți la fiert, acoperiți și fierbeți timp de aproximativ 1 oră și jumătate până când carnea este fragedă. Scoateți carnea și legumele din tigaie, tăiați carnea de pe os și tăiați-o cubulețe. Încinge uleiul și prăjește carnea până se rumenește. Adăugați legumele și prăjiți timp de 5 minute. Adăugați restul de sos de soia, sos hoisin, chutney, piure de roșii și usturoi. Se aduce la fierbere, se amestecă și se fierbe timp de 3 minute. Se serveste presarat cu arpagic.

carne de porc marinată

pentru 4 persoane

450 g / 1 lb carne de porc slabă
1 felie de ghimbir, tocata marunt
1 cățel de usturoi zdrobit
90 ml / 6 linguri sos de soia
15 ml / 1 lingura vin de orez sau sherry uscat
45 ml / 3 linguri ulei de arahide (arahide)
1 ceapă de primăvară (ceapă ceapă), tăiată felii
15 ml/1 lingura zahar brun
piper proaspăt măcinat

Amestecați carnea de porc cu ghimbir, usturoi, 30 ml/2 linguri de sos de soia și vin sau sherry. Se lasa 30 de minute, amestecand din cand in cand, apoi se ridica carnea din marinada. Încinge uleiul și prăjește carnea de porc până capătă puțină culoare. Adăugați ceapa primăvară, zahărul, sosul de soia rămas și un praf de boia de ardei, acoperiți și fierbeți timp de aproximativ 45 de minute până când carnea de porc este gătită. Tăiați carnea de porc cubulețe și serviți.

Cotlete de porc marinate

pentru 6

6 cotlete de porc
1 felie de ghimbir, tocata marunt
1 cățel de usturoi zdrobit
90 ml / 6 linguri sos de soia
30 ml / 2 linguri vin de orez sau sherry uscat
45 ml / 3 linguri ulei de arahide (arahide)
2 cepe de primăvară (cepe), tocate
15 ml/1 lingura zahar brun
piper proaspăt măcinat

Tăiați osul de pe cotletele de porc și carnea cubulețe. Amestecați ghimbirul, usturoiul, 30 ml / 2 linguri de sos de soia și vinul sau sherry, turnați peste carnea de porc și marinați timp de 30 de minute, amestecând din când în când. Scoateți carnea din marinadă. Încinge uleiul și prăjește carnea de porc până capătă puțină culoare. Adăugați ceapa și prăjiți timp de 1 minut. Amestecă restul de soia cu zahărul și un praf de piper. Adăugați sosul, aduceți la fierbere, acoperiți și fierbeți timp de aproximativ 30 de minute până când carnea de porc este fragedă.

Carne de porc cu ciuperci

pentru 4 persoane

25 g / 1 oz ciuperci chinezești uscate
30 ml / 2 linguri ulei de arahide
1 catel de usturoi tocat marunt
8 oz / 225 g carne de porc slabă, feliată
4 cepe de primăvară (cepe), tocate
15 ml/1 lingura sos de soia
15 ml / 1 lingura vin de orez sau sherry uscat
5 ml / 1 linguriță ulei de susan

Înmuiați ciupercile în apă caldă timp de 30 de minute, apoi scurgeți-le. Aruncați tulpinile și tăiați vârfurile. Încinge uleiul și prăjește usturoiul până devine ușor auriu. Adăugați carnea de porc și prăjiți până se rumenește. Adăugați ceapa primăvară, ciupercile, soia și vinul sau sherry și prăjiți timp de 3 minute. Adăugați uleiul de susan și serviți imediat.

friptură de carne aburită

pentru 4 persoane

450 g / 1 kg carne de porc măcinată (măcinată)

4 castane de apa, tocate marunt

225 g / 8 oz ciuperci, tocate mărunt

5 ml / 1 linguriță sos de soia

sare si piper proaspat macinat

1 ou, batut usor

Amestecați bine toate ingredientele și modelați amestecul într-un tort plat într-o tavă de copt. Puneți tava pe un gratar într-un cuptor cu abur, acoperiți și fierbeți la abur timp de 1 oră și jumătate.

Carne de porc gătită roșie cu ciuperci

pentru 4 persoane

450g/1lb carne de porc slabă, tăiată cubulețe

250 ml / 8 fl oz / 1 cană apă

15 ml/1 lingura sos de soia

15 ml / 1 lingura vin de orez sau sherry uscat

5 ml/1 lingurita de zahar

5 ml/1 lingurita de sare

225g / 8oz ciuperci

Puneți carnea de porc și apa într-o cratiță și aduceți apa la fiert. Se acoperă și se fierbe timp de 30 de minute, se scurg, rezervând bulionul. Pune carnea de porc înapoi în tigaie și adaugă sosul de soia. Gatiti la foc mic, amestecand, pana se absoarbe soia. Adăugați vin sau sherry, zahăr și sare. Se toarnă bulionul rezervat, se aduce la fierbere, se acoperă și se fierbe timp de aproximativ 30 de minute, întorcând carnea din când în când. Adăugați ciupercile și fierbeți încă 20 de minute.

Clatita de porc cu taitei

pentru 4 persoane

30 ml / 2 linguri ulei de arahide
5 ml/2 lingurițe de sare
225g/8oz carne de porc slabă, tăiată fâșii
225 g / 8 oz bok choy, mărunțit
100 g / 4 oz muguri de bambus, mărunțiți
100 g / 4 oz ciuperci, feliate subțiri
150 ml / ¼ pt / ½ cană generoasă bulion de pui
10 ml / 2 lingurițe de făină de porumb (amidon de porumb)
15 ml / 1 lingura vin de orez sau sherry uscat
15 ml/1 lingura de apa
clătită cu tăiței

Încinge uleiul și prăjește sarea și carnea de porc până se aprind. Adăugați varza, mugurii de bambus și ciupercile și prăjiți timp de 1 minut. Adăugați bulionul, aduceți la fierbere, acoperiți și fierbeți timp de 4 minute până când carnea de porc este gătită. Se amestecă făina de porumb într-o pastă cu vinul sau sherry și apa, se aruncă în tigaie și se fierbe la foc mic, amestecând, până când sosul se limpezește și se îngroașă. Se toarnă peste tăiței pentru clătite pentru a servi.

Carne de porc și creveți cu clătită cu tăiței

pentru 4 persoane

30 ml / 2 linguri ulei de arahide
5 ml/1 lingurita de sare
4 cepe de primăvară (cepe), tocate
1 cățel de usturoi zdrobit
225g/8oz carne de porc slabă, tăiată fâșii
100 g / 4 oz ciuperci, feliate
4 tulpini de telina, feliate
225 g / 8 oz creveți cu coajă
30 ml / 2 linguri sos de soia
10 ml / 1 lingură făină de porumb (amidon de porumb)
45 ml / 3 linguri de apă
clătită cu tăiței

Se incinge uleiul si sarea si se calesc ceapa si usturoiul pana se inmoaie. Adăugați carnea de porc și prăjiți până se rumenește ușor. Se adauga ciupercile si telina si se prajesc 2 minute. Adăugați creveții, stropiți cu sos de soia și amestecați până se încălzesc. Se amestecă făina de porumb și apa într-o pastă, se amestecă în tigaie și se fierbe, amestecând, până se încinge. Se toarnă peste tăiței pentru clătite pentru a servi.

Carne de porc cu sos de stridii

Face 4 până la 6 porții

450 g / 1 lb carne de porc slabă
15 ml / 1 lingură făină de porumb (amidon de porumb)
10 ml / 2 lingurițe vin de orez sau sherry uscat
un praf de zahar
45 ml / 3 linguri ulei de arahide (arahide)
10 ml/2 lingurițe de apă
30 ml / 2 linguri sos de stridii
piper proaspăt măcinat
1 felie de ghimbir, tocata marunt
60 ml / 4 linguri supă de pui

Tăiați carnea de porc în felii subțiri împotriva bobului. Amestecați 5 ml / 1 linguriță de mălai cu vinul sau sherry, zahărul și 5 ml / 1 linguriță ulei, adăugați carnea de porc și amestecați bine. Amestecați restul de amidon de porumb cu apa, sosul de stridii și un praf de piper. Încinge uleiul rămas și prăjește ghimbirul timp de 1 minut. Adăugați carnea de porc și prăjiți până se rumenește ușor. Adăugați bulion și amestecul de apă/sos de stridii, aduceți la fierbere, acoperiți și fierbeți timp de 3 minute.

carne de porc cu alune

pentru 4 persoane

450g/1lb carne de porc slabă, tăiată cubulețe

15 ml / 1 lingură făină de porumb (amidon de porumb)

5 ml/1 lingurita de sare

1 albus de ou

3 cepe de primăvară (cepe), tocate

1 catel de usturoi tocat marunt

1 felie de ghimbir, tocata marunt

45 ml / 3 linguri supă de pui

15 ml / 1 lingura vin de orez sau sherry uscat

15 ml/1 lingura sos de soia

10 ml / 2 lingurițe melasă blackstrap

45 ml / 3 linguri ulei de arahide (arahide)

½ castravete, taiat cubulete

25 g / 1 oz / ¼ cană alune decojite

5 ml / 1 linguriță ulei de ardei iute

Amestecați carnea de porc cu jumătate din amidon de porumb, sarea și albușul de ou și amestecați bine pentru a acoperi carnea de porc. Se amestecă restul de mălai cu ceapa primăvară, usturoiul, ghimbirul, bulionul, vinul sau sherry, soia și melasă. Se încălzește uleiul și se prăjește carnea de porc până se rumenește ușor, apoi se scoate din tigaie. Adăugați castraveții în tigaie și prăjiți câteva minute. Întoarceți carnea de porc în tigaie și amestecați ușor. Adăugați amestecul de condimente, aduceți la fierbere și fierbeți, amestecând, până când sosul devine ușor și se îngroașă. Adăugați alunele și uleiul de chili și încălziți înainte de servire.

Carne de porc cu boia

pentru 4 persoane

45 ml / 3 linguri ulei de arahide (arahide)
225g/8oz carne de porc slabă, tăiată cubuleţe
1 ceapa taiata cubulete
2 ardei verzi, taiati cubulete
½ cap frunze chinezeşti, tăiate cubuleţe
1 felie de ghimbir, tocata marunt
15 ml/1 lingura sos de soia
15 ml/1 lingura de zahar
2,5 ml / ½ linguriţă sare

Încinge uleiul şi prăjeşte carnea de porc aproximativ 4 minute până se rumeneşte. Adăugaţi ceapa şi prăjiţi aproximativ 1 minut. Adăugaţi boia şi prăjiţi timp de 1 minut. Adăugaţi frunzele chinezeşti şi prăjiţi timp de 1 minut. Se amestecă ingredientele rămase, se aruncă în tigaie şi se prăjesc încă 2 minute.

Carne de porc picant cu murături

pentru 4 persoane

900 g / 2 lb cotlete de porc

30 ml / 2 linguri faina de porumb (amidon de porumb)

45 ml / 3 linguri sos de soia

30 ml / 2 linguri sherry dulce

5 ml / 1 linguriță rădăcină de ghimbir rasă

2,5 ml / ½ linguriță pudră cu cinci condimente

praf de piper proaspat macinat

ulei pentru prajit

60 ml / 4 linguri supă de pui

Legume murate chinezești

Tăiați cotletele, aruncând toată grăsimea și oasele. Amestecați făina de porumb, 30 ml / 2 linguri de sos de soia, sherry, ghimbir, cinci condimente și piper. Se toarnă peste carnea de porc și se amestecă pentru a se acoperi complet. Acoperiți și marinați timp de 2 ore, întorcându-le din când în când. Încinge uleiul și prăjește carnea de porc până se rumenește și este gătită. Scurgeți pe prosoape de hârtie. Tăiați carnea de porc în felii groase, transferați într-un vas cald de servire și păstrați-l la cald. Amestecați bulionul și restul de sos de soia într-o cratiță mică. Se fierbe si se toarna peste feliile de porc. Se servesc ornat cu muraturi amestecate.

Carne de porc cu sos de prune

pentru 4 persoane

450 g / 1 lb carne de porc pentru tocană, tăiată cubulețe
2 catei de usturoi, tocati
Sare
60 ml / 4 linguri sos de rosii (ketchup)
30 ml / 2 linguri sos de soia
45 ml / 3 linguri sos de prune
5 ml / 1 linguriță pudră de curry
5 ml / 1 linguriță boia
2,5 ml / ½ linguriță piper proaspăt măcinat
45 ml / 3 linguri ulei de arahide (arahide)
6 cepe de primăvară (cepe), tăiate fâșii
4 morcovi, tăiați fâșii

Marinați carnea cu usturoi, sare, sos de roșii, soia, sos de prune, curry, boia de ardei și piper timp de 30 de minute. Se incinge uleiul si se prajeste carnea pana capata putina culoare. Scoateți din wok. Adăugați legumele în ulei și prăjiți până se înmoaie. Reveniți carnea în tigaie și încălziți ușor înainte de servire.

Carne de porc cu creveți

Se servește de la 6 la 8

900 g / 2 lb carne de porc slabă

30 ml / 2 linguri ulei de arahide

1 ceapă feliată

1 ceapa primavara (ceapa primavara), tocata

2 catei de usturoi, tocati

30 ml / 2 linguri sos de soia

50 g / 2 oz creveți decojiți, tocați

(Eu de obicei)

600ml / 1pt / 2½ căni apă clocotită

15 ml/1 lingura de zahar

Fierbeți o oală cu apă, adăugați carnea de porc, acoperiți și fierbeți timp de 10 minute. Scoateți din tigaie și scurgeți bine, apoi cubulețe. Se incinge uleiul si se calesc ceapa, ceapa primavara si usturoiul pana capata putina culoare. Adăugați carnea de porc și prăjiți până se rumenește ușor. Adăugați sosul de soia și creveții și prăjiți timp de 1 minut. Adăugați apa clocotită și zahărul, acoperiți și fierbeți timp de aproximativ 40 de minute până când carnea de porc este fragedă.

carne de porc rosu fiarta

pentru 4 persoane

675 g/1½ lb carne slabă de porc, tăiată cubulețe

250 ml / 8 fl oz / 1 cană apă

1 felie de ghimbir, tocata marunt

60 ml / 4 linguri sos de soia

15 ml / 1 lingura vin de orez sau sherry uscat

5 ml/1 lingurita de sare

10 ml / 2 linguri de zahăr brun

Puneți carnea de porc și apa într-o cratiță și aduceți apa la fiert. Adăugați ghimbir, sosul de soia, sherry și sare, acoperiți și fierbeți timp de 45 de minute. Adăugați zahărul, întoarceți carnea, acoperiți și fierbeți încă 45 de minute până când carnea de porc este fragedă.

Carne de porc in sos rosu

pentru 4 persoane

30 ml / 2 linguri ulei de arahide

225 g / 8 oz rinichi de porc, tăiaţi fâşii

450 g / 1 lb carne de porc, tăiată fâşii

1 ceapă feliată

4 cepe de primăvară (cepe), tăiate fâşii

2 morcovi, tăiaţi fâşii

1 baton de telina, taiata fasii

1 ardei rosu taiat fasii

45 ml / 3 linguri sos de soia

45 ml / 3 linguri vin alb sec

300 ml / ½ pt / 1¼ cani supa de pui

30 ml / 2 linguri sos de prune

30 ml / 2 linguri de otet

5 ml / 1 linguriţă praf de cinci condimente

5 ml / 1 linguriţă zahăr brun

15 ml / 1 lingură făină de porumb (amidon de porumb)

15 ml/1 lingura de apa

Încinge uleiul şi prăjeşte rinichii timp de 2 minute, apoi scoate-i din tigaie. Se încălzeşte uleiul şi se prăjeşte carnea de porc până capătă puţină culoare. Adăugaţi legumele şi prăjiţi timp de 3 minute. Adăugați sos de soia, vin, bulion, sos de prune, oțet, praf de cinci mirodenii și zahăr, aduceți la fiert, acoperiți și fierbeți timp de 30 de minute până când sunt fierte. Adăugați rinichii. Combinați făina de porumb și apa și amestecați în tigaie. Se aduce la fierbere și se fierbe, amestecând, până se îngroașă sosul.

Carne de porc cu taitei de orez

pentru 4 persoane

4 ciuperci chinezești uscate

100 g taitei de orez

225g/8oz carne de porc slabă, tăiată fâșii

15 ml / 1 lingură făină de porumb (amidon de porumb)

15 ml/1 lingura sos de soia

15 ml / 1 lingura vin de orez sau sherry uscat

45 ml / 3 linguri ulei de arahide (arahide)

2,5 ml / ½ linguriță sare

1 felie de ghimbir, tocata marunt

2 tulpini de telina, tocate

120 ml / 4 fl oz / ½ cană bulion de pui

2 cepe de primăvară (cepe), tăiate felii

Înmuiați ciupercile în apă caldă timp de 30 de minute, apoi scurgeți-le. Aruncați tulpinile și tăiați vârfurile. Înmuiați tăițeii în apă fierbinte timp de 30 de minute, scurgeți și tăiați bucăți de 5/2 cm Puneți carnea de porc într-un castron. Combinați făina de porumb, sosul de soia și vinul sau sherry, turnați peste carnea de porc și amestecați pentru a acoperi. Încinge uleiul și prăjește sarea și ghimbirul pentru câteva secunde. Adăugați carnea de porc și prăjiți până se rumenește ușor. Adăugați ciupercile și țelina și prăjiți timp de 1 minut. Adăugați bulionul, aduceți la fierbere, acoperiți și fierbeți timp de 2 minute. Adăugați tăițeii și încălziți timp de 2 minute. Adăugați arpagicul și serviți imediat.

bile de porc delicioase

pentru 4 persoane

450 g / 1 kg carne de porc măcinată (măcinată)

100g / 4oz tofu, măcinat

4 castane de apa, tocate marunt

sare si piper proaspat macinat

120 ml / 4 fl oz / ½ cană ulei de arahide (arahide)

1 felie de ghimbir, tocata marunt

600 ml / 1 pct / 2½ dl supă de pui

15 ml/1 lingura sos de soia

5 ml / 1 linguriță zahăr brun

5 ml / 1 linguriță vin de orez sau sherry uscat

Se amestecă carnea de porc, tofu și castanele și se condimentează cu sare și piper. Formați bile mari. Se încălzește uleiul și se prăjesc bilutele de porc până se rumenesc pe toate părțile, apoi se scot din tigaie. Scurgeți tot, cu excepția 15 ml/1 lingură de ulei și adăugați ghimbir, bulion, soia, zahăr și vin sau sherry. Întoarceți bilutele de porc în tigaie, aduceți la fierbere și fierbeți timp de 20 de minute până sunt fierte.

cotlete de porc la gratar

pentru 4 persoane

4 cotlete de porc

75 ml / 5 linguri sos de soia

ulei pentru prajit

100 g batoane de telina

3 cepe de primăvară (cepe), tocate

1 felie de ghimbir, tocata marunt

15 ml / 1 lingura vin de orez sau sherry uscat

120 ml / 4 fl oz / ½ cană bulion de pui

sare si piper proaspat macinat

5 ml / 1 linguriță ulei de susan

Înmuiați cotletele de porc în sos de soia până când sunt bine acoperite. Încinge uleiul și prăjește cotleturile aurii. Scoateți și scurgeți bine. Puneți țelina pe fundul unui vas rezistent la cuptor. Presărați peste ceapa primăvară și ghimbir și puneți deasupra cotletele de porc. Se toarnă peste vinul sau sherry și bulionul și se asezonează cu sare și piper. Stropiți cu ulei de susan. Se prăjește în cuptorul preîncălzit la 200°C/400°C/gaz marca 6 timp de 15 minute.

carne de porc condimentată

pentru 4 persoane

1 castravete taiat cubulete

Sare

450g/1lb carne de porc slabă, tăiată cubulețe

5 ml/1 lingurita de sare

45 ml / 3 linguri sos de soia

30 ml / 2 linguri vin de orez sau sherry uscat

30 ml / 2 linguri faina de porumb (amidon de porumb)

15 ml/1 lingura zahar brun

60 ml / 4 linguri ulei de arahide

1 felie de ghimbir, tocata marunt

1 catel de usturoi tocat marunt

1 ardei iute roșu, fără miez și tocat mărunt

60 ml / 4 linguri supă de pui

Se presară castraveții cu sare și se lasă deoparte. Amestecați carnea de porc, sarea, 15 ml / 1 lingură sos de soia, 15 ml / 1 lingură vin sau sherry, 15 ml / 1 lingură făină de porumb, zahăr brun și 15 ml / 1 lingură ulei. Se lasa sa se odihneasca 30 de minute si apoi se scoate carnea din marinada. Se încălzește uleiul rămas și se prăjește carnea de porc până se rumenește. Adăugați ghimbir, usturoi și ardei iute și prăjiți timp de 2 minute. Se adauga castravetele si se prajesc 2 minute. Amestecați bulionul și sosul de soia rămas, vinul sau sherry și făina de porumb cu marinada. Adăugați asta în tigaie și aduceți la fierbere în timp ce amestecați. Se fierbe, amestecând, până când sosul se limpezește și se îngroașă și continuă să fiarbă până când carnea este gătită.

Felii de porc alunecoase

pentru 4 persoane

225g/8oz carne de porc slabă, feliată

2 albusuri

15 ml / 1 lingură făină de porumb (amidon de porumb)

45 ml / 3 linguri ulei de arahide (arahide)

50 g / 2 oz muguri de bambus, feliați

6 cepe de primăvară (cepe), tocate

2,5 ml / ½ linguriță sare

15 ml / 1 lingura vin de orez sau sherry uscat

150 ml / ¼ pt / ½ cană generoasă bulion de pui

Se amestecă carnea de porc cu albuș de ou și amidon de porumb până se îmbracă bine. Se încălzește uleiul și se prăjește carnea de porc până se rumenește ușor, apoi se scoate din tigaie. Adăugați lăstarii de bambus și ceapa primăvară și prăjiți timp de 2 minute. Întoarceți carnea de porc în tigaie cu sare, vin sau sherry și supa de pui. Se aduce la fierbere și se fierbe, amestecând, timp de 4 minute până când carnea de porc este gătită.

Carne de porc cu spanac și morcovi

pentru 4 persoane

225 g/8 oz carne de porc slabă

2 morcovi, tăiați fâșii

225 g / 8 oz spanac

45 ml / 3 linguri ulei de arahide (arahide)

1 ceapa primavara (ceapa primavara), tocata marunt

15 ml/1 lingura sos de soia

2,5 ml / ½ linguriță sare

10 ml / 2 lingurițe de făină de porumb (amidon de porumb)

30 ml / 2 linguri de apă

Tăiați carnea de porc în felii subțiri împotriva bobului, apoi tăiați fâșii. Fierbeți morcovii aproximativ 3 minute și apoi lăsați-i să se scurgă. Tăiați frunzele de spanac în jumătate. Se incinge uleiul si se caleste ceapa pana devine translucida. Adăugați carnea de porc și prăjiți până se rumenește ușor. Adăugați morcovii și soia și prăjiți timp de 1 minut. Adăugați sare și spanacul și căliți aproximativ 30 de secunde până când începe să se înmoaie. Se amestecă făina de porumb și apa într-o pastă, se amestecă cu sosul și se prăjește până este gata și se servește imediat.

carne de porc la aburi

pentru 4 persoane

450g/1lb carne de porc slabă, tăiată cubulețe
120 ml / 4 fl oz / ½ cană sos de soia
120 ml / 4 fl oz / ½ cană vin de orez sau sherry uscat
15 ml/1 lingura zahar brun

Amestecă toate ingredientele și pune-le într-un recipient termorezistent. Se fierbe pe un grătar peste apă clocotită timp de aproximativ 1 oră și jumătate, până când este fiert.

prăjit de porc

pentru 4 persoane

25 g / 1 oz ciuperci chinezești uscate

15 ml/1 lingura ulei de arahide

450g/1lb carne de porc slabă, feliată

1 ardei verde taiat cubulete

15 ml/1 lingura sos de soia

15 ml / 1 lingura vin de orez sau sherry uscat

5 ml/1 lingurita de sare

5 ml / 1 linguriță ulei de susan

Înmuiați ciupercile în apă caldă timp de 30 de minute, apoi scurgeți-le. Aruncați tulpinile și tăiați vârfurile. Încinge uleiul și prăjește carnea de porc până capătă puțină culoare. Adăugați boia și prăjiți timp de 1 minut. Adăugați ciupercile, soia, vinul sau sherry și sare și prăjiți câteva minute până când carnea este gătită. Adăugați uleiul de susan înainte de servire.

Carne de porc cu cartofi dulci

pentru 4 persoane

ulei pentru prajit
2 cartofi dulci mari, feliați
30 ml / 2 linguri ulei de arahide
1 felie de ghimbir, feliată
1 ceapă feliată
450g/1lb carne de porc slabă, tăiată cubulețe
15 ml/1 lingura sos de soia
2,5 ml / ½ linguriță sare
piper proaspăt măcinat
250 ml / 8 fl oz / 1 cană bulion de pui
30 ml / 2 linguri praf de curry

Încinge uleiul și prăjește cartofii dulci până se rumenesc. Scoateți din tavă și scurgeți bine. Încinge uleiul de arahide și prăjește ghimbirul și ceapa până capătă puțină culoare. Adăugați carnea de porc și prăjiți până se rumenește ușor. Adăugați sos de soia, sare și un praf de piper, apoi adăugați bulion și curry, aduceți la fiert și fierbeți, amestecând, timp de 1 minut. Adăugați cartofii prăjiți, acoperiți și fierbeți timp de 30 de minute până când carnea de porc este gătită.

porc dulce acrișor

pentru 4 persoane

450g/1lb carne de porc slabă, tăiată cubulețe

15 ml / 1 lingura vin de orez sau sherry uscat

15 ml/1 lingura ulei de arahide

5 ml / 1 linguriță pudră de curry

1 ou bătut

Sare

100 g / 4 oz faina de porumb (maizena)

ulei pentru prajit

1 cățel de usturoi zdrobit

75 g / 3 oz / ½ cană zahăr

50 g / 2 oz sos de rosii (ketchup)

5 ml / 1 linguriță oțet

5 ml / 1 linguriță ulei de susan

Amestecați carnea de porc cu vin sau sherry, ulei, praf de curry, ou și puțină sare. Adăugați mălaiul până când carnea de porc este acoperită cu aluat. Se încălzește uleiul până se aburește, apoi se adaugă de câteva ori cuburile de porc. Se prăjește aproximativ 3 minute, se scurg și se rezervă. Se încălzește uleiul din nou și se prăjesc din nou cuburile pentru aproximativ 2 minute. Scoateți și scurgeți. Încălziți usturoiul, zahărul, sosul de roșii și oțetul în timp ce amestecați până când zahărul se dizolvă. Se aduce la fierbere, apoi se adaugă cuburile de porc și se amestecă bine. Se adauga uleiul de susan si se serveste.

carne de porc sarata

pentru 4 persoane

30 ml / 2 linguri ulei de arahide
450g/1lb carne de porc slabă, tăiată cubuleţe
3 cepe de primăvară (cepe), tăiate felii
2 catei de usturoi, tocati
1 felie de ghimbir, tocata marunt
250 ml / 8 fl oz / 1 cană sos de soia
30 ml / 2 linguri vin de orez sau sherry uscat
30 ml / 2 linguri zahăr brun
5 ml/1 lingurita de sare
600ml / 1pt / 2½ căni de apă

Încinge uleiul şi prăjeşte carnea de porc până se rumeneşte. Se toarnă excesul de ulei, se adaugă ceapa primăvară, usturoiul şi ghimbirul şi se prăjesc timp de 2 minute. Adăugaţi sos de soia, vin sau sherry, zahăr şi sare şi amestecaţi bine. Adăugaţi apa, aduceţi la fiert, acoperiţi şi fierbeţi timp de 1 oră.

Carne de porc cu tofu

pentru 4 persoane

450 g / 1 lb carne de porc slabă
45 ml / 3 linguri ulei de arahide (arahide)
1 ceapă feliată
1 cățel de usturoi zdrobit
225 g / 8 oz tofu, tăiat cubulețe
375 ml / 13 fl oz / 1½ cani supa de pui
15 ml/1 lingura zahar brun
60 ml / 4 linguri sos de soia
2,5 ml / ½ linguriță sare

Puneti carnea de porc intr-o cratita si acoperiti cu apa. Se aduce la fierbere și se fierbe timp de 5 minute. Se scurge si se lasa sa se raceasca, apoi se taie cubulete.

Se incinge uleiul si se caleste ceapa si usturoiul pana capata putina culoare. Adăugați carnea de porc și prăjiți până se rumenește ușor. Adăugați tofu și amestecați ușor până când este acoperit cu ulei. Adăugați bulionul, zahărul, soia și sarea, aduceți la fiert, acoperiți și fierbeți aproximativ 40 de minute până când carnea de porc este fragedă.

porc prăjit

pentru 4 persoane

225 g / 8 oz muschi de porc, taiat cubulete
1 albus de ou
30 ml / 2 linguri vin de orez sau sherry uscat
Sare
225 g / 8 oz faina de porumb (maizena)
ulei pentru prajit

Amesteca carnea de porc cu albusul, vinul sau sherry si putina sare. Lucrați treptat în făină de porumb suficientă pentru a face un aluat gros. Încinge uleiul și prăjește carnea de porc până devine aurie și crocantă la exterior și fragedă la interior.

carne de porc fiertă de două ori

pentru 4 persoane

225 g/8 oz carne de porc slabă
45 ml / 3 linguri ulei de arahide (arahide)
2 ardei verzi, tăiați în bucăți
2 catei de usturoi tocati
2 cepe de primăvară (cepe), tăiate felii
15 ml / 1 lingura sos de fasole iute
15 ml / 1 lingura supa de pui
5 ml/1 lingurita de zahar

Puneți bucata de porc într-o cratiță, acoperiți cu apă, aduceți la fiert și fierbeți timp de 20 de minute până când este fiert. Scoateți și scurgeți și lăsați să se răcească. Tăiați în felii subțiri.

Încinge uleiul și prăjește carnea de porc până capătă puțină culoare. Adăugați boia de ardei, usturoiul și ceapa primăvară și prăjiți timp de 2 minute. Scoateți din tigaie. Adăugați sosul de fasole, bulionul și zahărul în tigaie și fierbeți, amestecând, timp de 2 minute. Se toarnă înapoi carnea de porc și boia și se prăjesc până se încălzesc. Serviți deodată.

Carne de porc cu legume

pentru 4 persoane

2 catei de usturoi, tocati
5 ml/1 lingurita de sare
2,5 ml / ½ linguriță piper proaspăt măcinat
30 ml / 2 linguri ulei de arahide
30 ml / 2 linguri sos de soia
225 g / 8 oz buchete de broccoli
200 g / 7 oz buchețe de conopidă
1 ardei roșu tăiat cubulețe
1 ceapa tocata
2 portocale, curatate si taiate cubulete
1 bucată de ghimbir, tocat mărunt
30 ml / 2 linguri faina de porumb (amidon de porumb)
300 ml / ½ pt / 1 ¼ cană apă
20 ml / 2 linguri de oțet
15 ml / 1 lingura miere
un praf de ghimbir macinat
2,5 ml / ½ linguriță de chimen

Măcinați usturoiul, sare și piper în carne. Se incinge uleiul si se prajeste carnea pana capata putina culoare. Scoateți din tigaie. Adăugați sosul de soia și legumele în tigaie și căleți până când sunt moale, dar totuși crocante. Adăugați portocalele și ghimbirul. Se amestecă făina de porumb și apa și se amestecă în tigaie cu oțet, miere, ghimbir și chimen. Se aduce la fierbere și se fierbe, amestecând, timp de 2 minute. Întoarceți carnea de porc în tigaie și încălziți înainte de servire.

Carne de porc cu nuca

pentru 4 persoane

50 g / 2 oz / ½ cană nuci

225g/8oz carne de porc slabă, tăiată fâșii

30 ml / 2 linguri făină universală

30 ml / 2 linguri zahăr brun

30 ml / 2 linguri sos de soia

ulei pentru prajit

15 ml/1 lingura ulei de arahide

Se fierb nucile în apă clocotită timp de 2 minute și se scurg. Se amestecă carnea de porc cu făina, zahărul și 15 ml / 1 lingură sos de soia până se îmbracă bine. Încinge uleiul și prăjește carnea de porc până devine crocantă și aurie. Scurgeți pe prosoape de hârtie. Încinge uleiul de arahide și prăjește nucile până se rumenesc. Adăugați carnea de porc în tigaie, presărați peste restul de sos de soia și prăjiți până se încălzește.

wontonuri de porc

pentru 4 persoane

450 g / 1 kg carne de porc măcinată (măcinată)
1 ceapa primavara (ceapa primavara), tocata
225 g / 8 oz legume amestecate, tocate
30 ml / 2 linguri sos de soia
5 ml/1 lingurita de sare
40 de piei wonton
ulei pentru prajit

Încingeți o tigaie și prăjiți carnea de porc și ceapa primăvară până capătă puțină culoare. Se ia de pe foc si se adauga legumele, soia si sarea.

Pentru a plia wonton-urile, țineți pielea în mâna stângă și puneți niște umplutură în mijloc. Ungeți marginile cu ou și pliați coaja într-un triunghi, sigilând marginile. Umeziți colțurile cu ou și răsuciți.

Se încălzește uleiul și se prăjesc wontonurile câte puțin până se rumenesc. Scurgeți bine înainte de servire.

Carne de porc cu castane de apa

pentru 4 persoane

45 ml / 3 linguri ulei de arahide (arahide)
1 cățel de usturoi zdrobit
1 ceapa primavara (ceapa primavara), tocata
1 felie de ghimbir, tocata marunt
225g/8oz carne de porc slabă, tăiată fâșii
100g / 4oz castane de apă, feliate subțiri
45 ml / 3 linguri sos de soia
15 ml / 1 lingura vin de orez sau sherry uscat
5 ml / 1 linguriță făină de porumb (amidon de porumb)

Se incinge uleiul si se calesc usturoiul, ceapa primavara si ghimbirul pana capata putina culoare. Adăugați carnea de porc și prăjiți timp de 10 minute până se rumenește. Se adauga castanele de apa si se prajesc 3 minute. Adăugați restul ingredientelor și prăjiți timp de 3 minute.

Wonton de porc și creveți

pentru 4 persoane

225 g/8 oz carne de porc măcinată (măcinată)
2 cepe de primăvară (cepe), tocate
100 g / 4 oz legume amestecate, tocate
100 g ciuperci tocate
225 g / 8 oz creveți decojiți, tocați
15 ml/1 lingura sos de soia
2,5 ml / ½ linguriță sare
40 de piei wonton
ulei pentru prajit

Încingeți o tigaie și prăjiți carnea de porc și ceapa primăvară până capătă puțină culoare. Se amestecă cu ingredientele rămase.

Pentru a plia wonton-urile, țineți pielea în mâna stângă și puneți niște umplutură în mijloc. Ungeți marginile cu ou și pliați coaja într-un triunghi, sigilând marginile. Umeziți colțurile cu ou și răsuciți.

Se încălzește uleiul și se prăjesc wontonurile câte puțin până se rumenesc. Scurgeți bine înainte de servire.

chiftele aburite

pentru 4 persoane

2 catei de usturoi, tocati

2,5 ml / ½ linguriță sare

450 g / 1 kg carne de porc măcinată (măcinată)

1 ceapa tocata

1 ardei rosu, tocat

1 ardei gras verde, tocat

2 bucati de ghimbir, tocat

5 ml / 1 linguriță pudră de curry

5 ml / 1 linguriță boia

1 ou bătut

45 ml / 3 linguri faina de porumb (amidon de porumb)

50 g / 2 oz orez cu bob scurt

sare si piper proaspat macinat

60 ml / 4 linguri arpagic tocat

Amestecați usturoiul, sarea, carnea de porc, ceapa, boia de ardei, ghimbirul, pudra de curry și boia de ardei. Adăugați oul în amestecul cu amidonul de porumb și orezul. Se condimentează cu sare și piper și apoi se amestecă cu ceapa primăvară. Cu mâinile umede, formați bile cu amestecul. Puneți-le într-un coș de aburi, acoperiți și gătiți peste apă ușor clocotită timp de 20 de minute până când sunt fierte.

Coaste pentru bebeluși cu sos de fasole neagră

pentru 4 persoane

900 g / 2 lb coaste de porc

2 catei de usturoi, tocati

2 cepe de primăvară (cepe), tocate

30 ml / 2 linguri sos de fasole neagra

30 ml / 2 linguri vin de orez sau sherry uscat

15 ml/1 lingura de apa

30 ml / 2 linguri sos de soia

15 ml / 1 lingură făină de porumb (amidon de porumb)

5 ml/1 lingurita de zahar

120 ml / 4 fl oz ½ cană apă

30 ml / 2 linguri de ulei

2,5 ml / ½ linguriță sare

120 ml / 4 fl oz / ½ cană bulion de pui

Tăiați coastele de porc în bucăți de 2,5 cm. Amestecați usturoiul, ceapa primăvară, sos de fasole neagră, vin sau sherry, apă și 15 ml / 1 lingură sos de soia. Se amestecă restul de soia cu mălai, zahăr și apă. Se incinge uleiul si sarea si se prajesc coastele de porc pana se rumenesc. Scurgeți uleiul. Se adauga amestecul de usturoi si se caleste 2 minute. Adăugați bulionul, aduceți la fierbere, acoperiți și fierbeți timp de 4 minute. Adăugați amestecul de făină de porumb și fierbeți, amestecând, până când sosul devine ușor și se îngroașă.

coaste la grătar

pentru 4 persoane

3 catei de usturoi, tocati
75 ml / 5 linguri sos de soia
60 ml / 4 linguri sos hoisin
60 ml / 4 linguri vin de orez sau sherry uscat
45 ml / 3 linguri zahăr brun
30 ml / 2 linguri piure de roșii (pastă)
900 g / 2 lb coaste de porc
15 ml / 1 lingura miere

Combinați usturoiul, sosul de soia, sosul hoisin, vinul sau sherry, zahărul brun și piureul de roșii, turnați peste coaste, acoperiți și marinați peste noapte.

Scurgeți coastele și puneți-le pe un grătar într-o tigaie cu puțină apă dedesubt. Se prăjește în cuptorul preîncălzit la 180°C/350°F/gaz marca 4 timp de 45 de minute, ungând ocazional cu marinată, rezervând 30 ml/2 linguri de marinadă. Amestecați marinada rezervată cu mierea și ungeți coastele. Se prăjește sau se prăjește sub un grătar încins timp de aproximativ 10 minute.

Coaste de arțar prăjite

pentru 4 persoane

900 g / 2 lb coaste de porc

60 ml / 4 linguri de sirop de artar

5 ml/1 lingurita de sare

5 ml/1 lingurita de zahar

45 ml / 3 linguri sos de soia

15 ml / 1 lingura vin de orez sau sherry uscat

1 cățel de usturoi zdrobit

Tăiați coastele în bucăți de 5/2 cm și puneți-le într-un castron. Se amestecă toate ingredientele, se adaugă coaste și se amestecă bine. Acoperiți și lăsați la marinat peste noapte. Prăjiți (prăjiți) sau grătar la foc mediu timp de aproximativ 30 de minute.

coaste de porc prăjite

pentru 4 persoane

900 g / 2 lb coaste de porc
120 ml / 4 fl oz / ½ cană sos de roşii (ketchup)
120 ml / 4 fl oz / ½ cană oţet
60 ml / 4 linguri chutney de mango
45 ml / 3 linguri vin de orez sau sherry uscat
2 catei de usturoi tocati
5 ml/1 lingurita de sare
45 ml / 3 linguri sos de soia
30 ml / 2 linguri de miere
15 ml / 1 lingură pudră de curry blândă
15 ml / 1 lingura boia de ardei
ulei pentru prajit
60 ml / 4 linguri arpagic tocat

Puneţi coastele într-un castron. Se amestecă toate ingredientele cu excepţia uleiului şi arpagicul, se toarnă peste coaste, se acoperă şi se lasă la marinat cel puţin 1 oră. Încinge uleiul şi prăjeşte coastele până devin crocante. Se serveste presarat cu arpagic.

Coaste cu praz

pentru 4 persoane

450 g / 1 lb coaste de porc

ulei pentru prajit

250 ml / 8 fl oz / 1 cană bulion

30 ml / 2 linguri sos de rosii (ketchup)

2,5 ml / ½ linguriță sare

2,5 ml / ½ linguriță de zahăr

2 praz, tăiați în bucăți

6 cepe de primăvară (cepe), tăiate în bucăți

50 g / 2 oz buchete de broccoli

5 ml / 1 linguriță ulei de susan

Tăiați coastele de porc în bucăți de 5/2 cm, încălziți uleiul și prăjiți coastele până încep să se coloreze. Scoateți-le din tigaie și turnați toate, în afară de 30 ml / 2 linguri de ulei. Adăugați bulionul, sosul de roșii, sare și zahărul, aduceți la fiert și fierbeți timp de 1 minut. Întoarceți coastele în tigaie și fierbeți aproximativ 20 de minute până se înmoaie.

Între timp, încălzește încă 30 ml / 2 linguri de ulei și prăjește prazul, ceapa primăvară și broccoli timp de aproximativ 5 minute. Stropiți cu ulei de susan și aranjați în jurul unui platou de servire fierbinte. Turnați coasta și sosul în centru și serviți.

Coaste cu ciuperci

Face 4 până la 6 porții

6 ciuperci chinezești uscate

900 g / 2 lb coaste de porc

2 cuișoare anason stelat

45 ml / 3 linguri sos de soia

5 ml/1 lingurita de sare

15 ml / 1 lingură făină de porumb (amidon de porumb)

Înmuiați ciupercile în apă caldă timp de 30 de minute, apoi scurgeți-le. Aruncați tulpinile și tăiați vârfurile. Toaca coastele de porc in bucati de 5/2 cm Se fierbe o cratita cu apa, se adauga coastele si se lasa sa fiarba 15 minute. Scurgeți bine. Întoarceți coastele în tava și acoperiți cu apă rece. Adăugați ciupercile, anasonul stelat, soia și sare. Aduceți la fiert, acoperiți și fierbeți timp de aproximativ 45 de minute până când carnea este fragedă. Făina de porumb se amestecă cu puțină apă rece, se aruncă în tigaie și se fierbe, amestecând, până când sosul se limpezește și se îngroașă.

Coaste cu portocale

pentru 4 persoane

900 g / 2 lb coaste de porc
5 ml / 1 linguriță brânză rasă
5 ml / 1 linguriță făină de porumb (amidon de porumb)
45 ml / 3 linguri vin de orez sau sherry uscat
Sare
ulei pentru prajit
15 ml/1 lingura de apa
2,5 ml / ½ linguriță de zahăr
15 ml / 1 lingura piure de rosii (pasta)
2,5 ml / ½ linguriță sos chilli
coaja rasa a 1 portocala
1 portocală feliată

Tăiați coastele de porc în bucăți și amestecați cu brânza, amidonul de porumb, 5 ml/1 linguriță de vin sau sherry și un praf de sare. Se lasă la marinat 30 de minute. Se încălzește uleiul și se prăjesc coastele timp de aproximativ 3 minute până devin aurii. Se incinge 15 ml/1 lingura de ulei intr-un wok, se adauga apa, zaharul, pasta de rosii, sosul chili, coaja de portocala si restul de vin sau sherry si se amesteca la foc mic timp de 2 minute. Adăugați carnea de porc și amestecați până se îmbracă bine.

Transferați într-un vas cald de servire și serviți ornat cu felii de portocală.

Coaste de ananas

pentru 4 persoane

900 g / 2 lb coaste de porc
600ml / 1pt / 2½ căni de apă
30 ml / 2 linguri ulei de arahide
2 catei de usturoi tocati marunt
200 g / 7 oz bucăți de ananas conservate în suc de fructe
120 ml / 4 fl oz / ½ cană bulion de pui
60 ml / 4 linguri de otet
50 g / 2 oz / ¼ cană zahăr brun
15 ml/1 lingura sos de soia
15 ml / 1 lingură făină de porumb (amidon de porumb)
3 cepe de primăvară (cepe), tocate

Punem carnea de porc si apa intr-o cratita, aducem la fiert, acoperim si fierbem timp de 20 de minute. Scurgeți bine.

Încinge uleiul și prăjește usturoiul până devine ușor auriu. Adăugați coastele și prăjiți până sunt bine acoperite cu ulei. Scurgeți bucățile de ananas și adăugați 120 ml / 4 fl oz / ½ cană de suc în tigaia cu bulionul, oțetul, zahărul și sosul de soia. Aduceți la fierbere, acoperiți și fierbeți timp de 10 minute. Adăugați ananasul scurs. Se amestecă făina de porumb cu puțină apă, se amestecă în sos și se fierbe, amestecând, până când sosul se limpezește și se îngroașă. Se serveste presarat cu arpagic.

Creveți crocanți

pentru 4 persoane

900 g / 2 lb coaste de porc
450 g / 1 kilogram de creveți decojiți
5 ml/1 lingurita de zahar
sare si piper proaspat macinat
30 ml / 2 linguri făină universală
1 ou, batut usor
100 g / 4 oz pesmet
ulei pentru prajit

Tăiați coastele de porc în bucăți de 5/2 cm, tăiați puțin din carne și tăiați-o cu creveți, zahăr, sare și piper. Adăugați făină și ouă suficient pentru a face amestecul lipicios. Presa in jurul bucatilor de costita de porc si presara cu pesmet. Se incinge uleiul si se prajesc coastele pana se ridica la suprafata. Scurgeți bine și serviți cald.

Coaste cu vin de orez

pentru 4 persoane

900 g / 2 lb coaste de porc
450 ml / ¾ pt / 2 căni de apă
60 ml / 4 linguri sos de soia
5 ml/1 lingurita de sare
30 ml / 2 linguri de vin de orez
5 ml/1 lingurita de zahar

Tăiați coastele în bucăți de 2,5 cm. Se pune intr-o cratita cu apa, soia si sare, se aduce la fiert, se acopera si se fierbe la foc mic 1 ora. Scurgeți bine. Se incinge o tigaie si se adauga coastele, vinul de orez si zaharul. Se prăjește la foc mare până când lichidul s-a evaporat.

Coaste cu susan

pentru 4 persoane

900 g / 2 lb coaste de porc

1 ou

30 ml / 2 linguri făină universală

5 ml / 1 linguriță făină de cartofi

45 ml / 3 linguri de apă

ulei pentru prajit

30 ml / 2 linguri ulei de arahide

30 ml / 2 linguri sos de rosii (ketchup)

30 ml / 2 linguri zahăr brun

10 ml / 2 lingurițe de oțet

45 ml / 3 linguri seminte de susan

4 frunze de salata verde

Tăiați coastele în bucăți de 10/4 cm și puneți-le într-un castron. Se amestecă oul cu făina, făina de cartofi și apa, se adaugă la coaste și se lasă să se odihnească 4 ore.

Se incinge uleiul si se prajesc coastele pana se rumenesc, se scot si se scurg. Se încălzește uleiul și se prăjește sosul de roșii, zahărul brun, oțetul pentru câteva minute. Adăugați coastele de porc și soțiți până când sunt acoperite complet. Se presara cu seminte de susan si se prajesc 1 minut. Așezați frunzele de salată verde pe un platou de servire fierbinte, acoperiți cu coastă și serviți.

Costite dulci si moi

pentru 4 persoane

900 g / 2 lb coaste de porc

600ml / 1pt / 2½ căni de apă

30 ml / 2 linguri ulei de arahide

2 catei de usturoi, tocati

5 ml/1 lingurita de sare

100 g / 4 oz / ½ cană zahăr brun

75 ml / 5 linguri supă de pui

60 ml / 4 linguri de otet

100 g / 4 oz bucăți de ananas conservate în sirop

15 ml / 1 lingura piure de rosii (pasta)

15 ml/1 lingura sos de soia

15 ml / 1 lingură făină de porumb (amidon de porumb)

30 ml / 2 linguri nucă de cocos deshidratată

Punem carnea de porc si apa intr-o cratita, aducem la fiert, acoperim si fierbem timp de 20 de minute. Scurgeți bine.

Se incinge uleiul si se prajesc coastele cu usturoi si sare pana se rumenesc. Adăugați zahărul, bulionul și oțetul și aduceți la fiert. Scurgeți ananasul și adăugați 30 ml/2 linguri de sirop în tigaia cu piureul de roșii, soia și amidonul de porumb. Se amestecă bine și se fierbe, amestecând, până când sosul devine limpede și gros. Se adauga ananasul, se fierbe 3 minute si se serveste presarat cu nuca de cocos.

Coaste sote

pentru 4 persoane

900 g / 2 lb coaste de porc

1 ou bătut

5 ml / 1 linguriță sos de soia

5 ml/1 lingurita de sare

10 ml / 2 lingurițe de făină de porumb (amidon de porumb)

10 ml / 2 lingurițe de zahăr

60 ml / 4 linguri ulei de arahide

250 ml / 8 fl oz / 1 cană oțet

250 ml / 8 fl oz / 1 cană apă

250 ml / 8 fl oz / 1 cană vin de orez sau sherry uscat

Puneți coastele într-un castron. Se amestecă oul cu sosul de soia, sarea, jumătate din amidon de porumb și jumătate din zahăr, se adaugă la coaste și se amestecă bine. Se incinge uleiul si se prajesc coastele pana se rumenesc. Adăugați restul ingredientelor, aduceți la fierbere și fierbeți până când lichidul aproape s-a evaporat.

Coaste cu roșii

pentru 4 persoane

900 g / 2 lb coaste de porc

75 ml / 5 linguri sos de soia

30 ml / 2 linguri vin de orez sau sherry uscat

2 oua batute

45 ml / 3 linguri faina de porumb (amidon de porumb)

ulei pentru prajit

45 ml / 3 linguri ulei de arahide (arahide)

1 ceapă, tăiată mărunt

250 ml / 8 fl oz / 1 cană bulion de pui

60 ml / 4 linguri sos de rosii (ketchup)

10 ml / 2 linguri de zahăr brun

Tăiați coastele de porc în bucăți de 2,5 cm. Amestecați cu 60 ml / 4 linguri de sos de soia și vinul sau sherry și marinați timp de 1 oră, amestecând din când în când. Scurgeți, aruncați marinata. Ungeți coastele cu ou și apoi cu făină de porumb. Se incinge uleiul si se prajesc coastele, cate putin, pana se rumenesc. Scurgeți bine. Se încălzește uleiul de arahide (alunele) și se prăjește ceapa până devine translucida. Adăugați bulionul, sosul de soia rămas, sosul de roșii și zahărul brun și fierbeți timp de 1 minut, amestecând. Adăugați coastele și gătiți la foc mic timp de 10 minute.

carne de porc la gratar

Face 4 până la 6 porții

1,25 kg / 3 lb umăr de porc dezosat

2 catei de usturoi, tocati

2 cepe de primăvară (cepe), tocate

250 ml / 8 fl oz / 1 cană sos de soia

120 ml / 4 fl oz / ½ cană vin de orez sau sherry uscat

100 g / 4 oz / ½ cană zahăr brun

5 ml/1 lingurita de sare

Pune carnea de porc într-un castron. Se amestecă restul ingredientelor, se toarnă peste carnea de porc, se acoperă și se lasă la marinat 3 ore. Transferați carnea de porc și marinada într-o tigaie și prăjiți-l într-un cuptor preîncălzit la 200°C/400°F/marca de gaz 6 timp de 10 minute. Reduceți temperatura la 160°C/325°F/marca de gaz 3 timp de 1¾ de oră până când carnea de porc este gătită.

Carne de porc rece cu muștar

pentru 4 persoane

1 kg / 2 lb friptură de porc dezosată
250 ml / 8 fl oz / 1 cană sos de soia
120 ml / 4 fl oz / ½ cană vin de orez sau sherry uscat
100 g / 4 oz / ½ cană zahăr brun
3 cepe de primăvară (cepe), tocate
5 ml/1 lingurita de sare
30 ml / 2 linguri de muștar pudră

Pune carnea de porc într-un castron. Se amestecă toate celelalte ingrediente, cu excepția muștarului și se toarnă peste carnea de porc. Se lasă la marinat cel puțin 2 ore, ungând des. Tapetați o tavă cu folie de aluminiu și puneți carnea de porc pe un grătar în tavă. Prăjiți într-un cuptor preîncălzit la 200°C/400°F/gaz 6 timp de 10 minute, apoi reduceți temperatura la 160°C/325°F/gaz 3 pentru încă 1¾ ore până când carnea de porc este fragedă. Se lasa sa se raceasca si apoi se da la frigider. Tăiați în felii foarte subțiri. Se amestecă pudra de muștar cu suficientă apă pentru a face o pastă cremoasă pe care să o servești cu carnea de porc.

Carne de porc prăjită chinezească

pentru 6

1,25 kg / 3 lb carne de porc, felii groase
2 catei de usturoi tocati marunt
30 ml / 2 linguri vin de orez sau sherry uscat
15 ml/1 lingura zahar brun
15 ml / 1 lingura miere
90 ml / 6 linguri sos de soia
2,5 ml / ½ linguriță pudră cu cinci condimente

Așezați carnea de porc într-un vas puțin adânc. Se amestecă ingredientele rămase, se toarnă peste carnea de porc, se acoperă și se lasă la marinat la frigider peste noapte, întorcând și ungând ocazional.

Puneți feliile de porc pe un grătar într-o tigaie umplută cu puțină apă și stropiți bine cu marinada. Se prăjește într-un cuptor preîncălzit la 180°C/350°F/gaz marca 5 timp de aproximativ 1 oră, ungând ocazional până când carnea de porc este gătită.

Carne de porc cu spanac

Se servește de la 6 la 8

30 ml / 2 linguri ulei de arahide

1,25 kg / 3 lb muschi de porc

250 ml / 8 fl oz / 1 cană bulion de pui

15 ml/1 lingura zahar brun

60 ml / 4 linguri sos de soia

900 g / 2 lb spanac

Se încălzește uleiul și se rumenește carnea de porc pe toate părțile. Îndepărtează cea mai mare parte a grăsimii. Adăugați bulionul, zahărul și soia, aduceți la fiert, acoperiți și fierbeți timp de aproximativ 2 ore până când carnea de porc este gătită. Scoateți carnea din tigaie și lăsați-o să se răcească puțin, apoi feliați-o. Adăugați spanacul în cratiță și gătiți la foc mic, amestecând ușor, până se înmoaie. Scurge spanacul și pune-l pe o farfurie fierbinte de servire. Acoperiți cu feliile de porc și serviți.

bile de porc prajite

pentru 4 persoane

450 g / 1 kg carne de porc măcinată (măcinată)
1 felie de ghimbir, tocata marunt
15 ml / 1 lingură făină de porumb (amidon de porumb)
15 ml/1 lingura de apa
2,5 ml / ½ linguriță sare
10 ml / 2 linguri de sos de soia
ulei pentru prajit

Amestecați carnea de porc și ghimbirul. Amestecați făina de porumb, apa, sarea și soia, apoi adăugați amestecul în carnea de porc și amestecați bine. Formați bile de mărimea unei nuci. Se încălzește uleiul și se prăjesc chiftelele până se ridică la suprafața uleiului. Scoateți din ulei și reîncălziți. Întoarceți carnea de porc în tigaie și prăjiți timp de 1 minut. Scurgeți bine.

Rulouri cu ouă de porc și creveți

pentru 4 persoane

30 ml / 2 linguri ulei de arahide

225 g/8 oz carne de porc măcinată (măcinată)

225 g / 8 oz creveți

100 g / 4 oz frunze chinezești, rupte

100 g / 4 oz muguri de bambus, tăiați în fâșii

100 g / 4 oz castane de apă, tăiate fâșii

10 ml / 2 linguri de sos de soia

5 ml/1 lingurita de sare

5 ml/1 lingurita de zahar

3 cepe primare (cepe), tocate mărunt

8 coji de rulada de oua

ulei pentru prajit

Se încălzește uleiul și se prăjește carnea de porc până se îngroașă. Adăugați creveții și prăjiți timp de 1 minut. Adăugați frunze chinezești, muguri de bambus, castane de apă, sos de soia, sare și zahăr și căliți timp de 1 minut, apoi acoperiți și fierbeți timp de 5 minute. Adăugați ceapa primăvară, turnați-o într-o strecurătoare și lăsați-o să se scurgă.

Pune câteva linguri din amestecul de umplutură în centrul fiecărui rulou de ouă, îndoiți în partea de jos, îndoiți pe părțile laterale, apoi rulați, înglobând umplutura. Sigilați marginea cu puțin din amestecul de făină și apă și lăsați să se usuce timp de 30 de minute. Încinge uleiul și prăjește rulourile cu ouă aproximativ 10 minute până devin crocante și aurii. Scurgeți bine înainte de servire.

Carne de porc tocata la abur

pentru 4 persoane

450 g / 1 kg carne de porc măcinată (măcinată)
5 ml / 1 linguriță făină de porumb (amidon de porumb)
2,5 ml / ½ linguriță sare
10 ml / 2 linguri de sos de soia

Amestecați carnea de porc cu restul ingredientelor și întindeți amestecul într-un vas rezistent la cuptor. Puneți într-un cuptor cu abur peste apă clocotită și fierbeți la abur timp de aproximativ 30 de minute până când sunt fierte. Se serveste fierbinte.

Carne de porc prajita cu carne de crab

pentru 4 persoane

225 g / 8 oz carne de crab, în fulgi

100 g ciuperci tocate

100 g / 4 oz muguri de bambus, tocați

5 ml / 1 linguriță făină de porumb (amidon de porumb)

2,5 ml / ½ linguriță sare

225 g / 8 oz carne de porc fiartă, feliată

1 albus de ou, batut usor

ulei pentru prajit

15 ml / 1 lingură pătrunjel proaspăt cu frunze plate tocat

Amestecați carnea de crab, ciupercile, lăstarii de bambus, cea mai mare parte din făina de porumb și sarea. Tăiați carnea în pătrate de 5 cm. Faceți sandvișuri cu amestecul de carne de crab. Se acopera cu albusul. Încinge uleiul și prăjește sandvișurile puțin câte una, până devin maro auriu. Scurgeți bine. Se serveste presarat cu patrunjel.

Carne de porc cu muguri de fasole

pentru 4 persoane

30 ml / 2 linguri ulei de arahide

2,5 ml / ½ linguriță sare

2 catei de usturoi, tocati

450 g / 1 lb muguri de fasole

225 g / 8 oz carne de porc fiartă, tăiată cubulețe

120 ml / 4 fl oz / ½ cană bulion de pui

15 ml/1 lingura sos de soia

15 ml / 1 lingura vin de orez sau sherry uscat

5 ml/1 lingurita de zahar

15 ml / 1 lingură făină de porumb (amidon de porumb)

2,5 ml / ½ linguriță ulei de susan

3 cepe de primăvară (cepe), tocate

Încinge uleiul și prăjește sarea și usturoiul până capătă puțină culoare. Adauga varza de fasole si carnea de porc si se caleste timp de 2 minute. Adăugați jumătate din bulion, aduceți la fierbere, acoperiți și fierbeți timp de 3 minute. Se amestecă bulionul rămas cu restul ingredientelor, se amestecă în tigaie, se aduce la fierbere și se fierbe timp de 4 minute, amestecând. Se serveste presarat cu arpagic.

Piure simplu de pui

pentru 4 persoane

1 piept de pui, feliat subțire

2 felii de ghimbir, tocate

2 cepe de primăvară (cepe), tocate

15 ml / 1 lingură făină de porumb (amidon de porumb)

15 ml / 1 lingura vin de orez sau sherry uscat

30 ml / 2 linguri de apă

2,5 ml / ½ linguriță sare

45 ml / 3 linguri ulei de arahide (arahide)

100 g / 4 oz muguri de bambus, feliați

100 g / 4 oz ciuperci, feliate

100 g / 4 oz muguri de fasole

15 ml/1 lingura sos de soia

5 ml/1 lingurita de zahar

120 ml / 4 fl oz / ½ cană bulion de pui

Pune puiul într-un castron. Amesteca ghimbirul, ceapa primavara, amidonul de porumb, vinul sau sherry, apa si sarea, adaugam puiul si lasam 1 ora. Se încălzește jumătate din ulei și se prăjește puiul până se rumenește ușor, apoi se scoate din tigaie. Se încălzește uleiul rămas și se prăjesc lăstarii de bambus, ciupercile și mugurii de fasole timp de 4 minute. Adăugați sosul de soia, zahărul și bulionul, aduceți la fiert, acoperiți și fierbeți timp de 5 minute până când legumele sunt moi. Puiul se pune înapoi în tigaie, se amestecă bine și se încălzește ușor înainte de servire.

Pui in sos de rosii

pentru 4 persoane

30 ml / 2 linguri ulei de arahide
5 ml/1 lingurita de sare
2 catei de usturoi, tocati
450 g / 1 lb pui tăiat cubulețe
300 ml / ½ pt / 1 ¼ cani supa de pui
120 ml / 4 fl oz / ½ cană sos de roșii (ketchup)
15 ml / 1 lingură făină de porumb (amidon de porumb)
4 cepe de primăvară (cepe), tăiate felii

Încinge uleiul cu sare și usturoi până când usturoiul devine ușor auriu. Adăugați puiul și prăjiți până devine ușor colorat. Adăugați cea mai mare parte din bulion, aduceți la fierbere, acoperiți și fierbeți timp de aproximativ 15 minute până când puiul este fraged. Se amestecă restul bulionului cu sos de roșii și mălai și se amestecă în tigaie. Se fierbe la foc mic, amestecând, până când sosul se îngroașă și devine limpede. Dacă sosul este prea subțire, lăsați-l să fiarbă puțin până scade. Adăugați ceapa primăvară și fierbeți timp de 2 minute înainte de servire.

Pui cu rosii

pentru 4 persoane

225 g / 8 oz pui, tăiat cubulețe

15 ml / 1 lingură făină de porumb (amidon de porumb)

15 ml/1 lingura sos de soia

15 ml / 1 lingura vin de orez sau sherry uscat

45 ml / 3 linguri ulei de arahide (arahide)

1 ceapa taiata cubulete

60 ml / 4 linguri supă de pui

5 ml/1 lingurita de sare

5 ml/1 lingurita de zahar

2 roșii, curățate și tăiate cubulețe

Amestecați puiul cu amidonul de porumb, sosul de soia și vinul sau sherry și lăsați să se odihnească timp de 30 de minute. Încinge uleiul și prăjește puiul până devine maro. Adăugați ceapa și prăjiți până se înmoaie. Se adauga bulionul, sarea si zaharul, se aduce la fierbere si se amesteca usor la foc mic pana ce puiul este fiert. Adăugați roșiile și amestecați până se încălzesc.

Pui poșat cu roșii

pentru 4 persoane

4 portii de pui

4 roșii, curățate și tăiate în sferturi

15 ml / 1 lingura vin de orez sau sherry uscat
15 ml/1 lingura ulei de arahide
Sare

Puneti puiul intr-o cratita si acoperiti cu apa rece. Aduceți la fierbere, acoperiți și fierbeți timp de 20 de minute. Adăugați roșiile, vinul sau sherry, uleiul și sarea, acoperiți și fierbeți încă 10 minute până când puiul este fiert. Așezați puiul pe o farfurie încălzită și tăiați-l în porții. Se încălzește din nou sosul și se toarnă peste pui pentru a servi.

Pui si rosii cu sos de fasole neagra

pentru 4 persoane

45 ml / 3 linguri ulei de arahide (arahide)
1 cățel de usturoi zdrobit

45 ml / 3 linguri sos de fasole neagra
225 g / 8 oz pui, tăiat cubulețe
15 ml / 1 lingura vin de orez sau sherry uscat
5 ml/1 lingurita de zahar
15 ml/1 lingura sos de soia
90 ml / 6 linguri supă de pui
3 roșii, curățate și tăiate în patru
10 ml / 2 lingurițe de făină de porumb (amidon de porumb)
45 ml / 3 linguri de apă

Încinge uleiul și prăjește usturoiul timp de 30 de secunde. Adăugați sosul de fasole neagră și prăjiți 30 de secunde, apoi adăugați puiul și amestecați până se îmbracă bine cu ulei. Adăugați vinul sau sherry, zahărul, sosul de soia și bulionul, aduceți la fiert, acoperiți și fierbeți timp de aproximativ 5 minute până când puiul este gătit. Amestecați făina de porumb și apa într-o pastă, amestecați-o în tigaie și fierbeți, amestecând, până când sosul se limpezește și se îngroașă.

Pui gătit rapid cu legume

pentru 4 persoane

1 albus de ou
50 g / 2 oz faina de porumb (maizena)
225 g / 8 oz piept de pui, tăiat fâșii

75 ml / 5 linguri ulei de arahide (arahide)
200 g / 7 oz muguri de bambus, tăiați în fâșii
50 g / 2 oz muguri de fasole
1 ardei verde taiat fasii
3 cepe de primăvară (cepe), tăiate felii
1 felie de ghimbir, tocata marunt
1 catel de usturoi tocat marunt
15 ml / 1 lingura vin de orez sau sherry uscat

Bateți albușurile spumă și amidonul de porumb și înmuiați fâșiile de pui în amestec. Se încălzește uleiul până când este suficient de fierbinte și se prăjește puiul câteva minute până când este fiert. Scoateți din tavă și scurgeți bine. Adăugați în tigaie lăstari de bambus, muguri de fasole, boia de ardei, ceapa, ghimbir și usturoi și prăjiți timp de 3 minute. Adăugați vinul sau sherry și întoarceți puiul în tigaie. Se amestecă bine și se încălzește înainte de servire.

pui cu nuci

pentru 4 persoane

45 ml / 3 linguri ulei de arahide (arahide)
2 cepe de primăvară (cepe), tocate
1 felie de ghimbir, tocata marunt
450g / 1lb piept de pui, feliat foarte subțire

50 g / 2 oz șuncă, mărunțită

30 ml / 2 linguri sos de soia

30 ml / 2 linguri vin de orez sau sherry uscat

5 ml/1 lingurita de zahar

5 ml/1 lingurita de sare

100 g / 4 oz / 1 cană nuci, tocate

Se încălzește uleiul și se prăjește ceapa și ghimbirul timp de 1 minut. Adăugați puiul și șunca și prăjiți timp de 5 minute până când sunt aproape fierte. Adăugați sos de soia, vin sau sherry, zahăr și sare și prăjiți timp de 3 minute. Adăugați nucile și prăjiți timp de 1 minut până când ingredientele sunt bine amestecate.

Pui cu nuci

pentru 4 persoane

100 g / 4 oz / 1 cană nuci decojite, tăiate la jumătate

ulei pentru prajit

45 ml / 3 linguri ulei de arahide (arahide)

2 felii de ghimbir, tocate

225 g / 8 oz pui, tăiat cubulețe

100 g / 4 oz muguri de bambus, feliați

75 ml / 5 linguri supă de pui

Se prepară nucile, se încălzeşte uleiul şi se prăjesc nucile aurii şi se scurg bine. Încinge uleiul de arahide şi prăjeşte ghimbirul timp de 30 de secunde. Adăugaţi puiul şi prăjiţi până devine uşor colorat. Adăugaţi ingredientele rămase, aduceţi la fierbere şi fierbeţi, amestecând, până când puiul este gătit.

Pui cu castane de apa

pentru 4 persoane
45 ml / 3 linguri ulei de arahide (arahide)
2 catei de usturoi, tocati
2 cepe de primăvară (cepe), tocate
1 felie de ghimbir, tocata marunt
225 g / 8 oz piept de pui, tăiat în felii
100g / 4oz castane de apă, feliate
45 ml / 3 linguri sos de soia
15 ml / 1 lingura vin de orez sau sherry uscat

5 ml / 1 linguriță făină de porumb (amidon de porumb)

Se incinge uleiul si se calesc usturoiul, ceapa primavara si ghimbirul pana capata putina culoare. Adăugați puiul și prăjiți timp de 5 minute. Se adauga castanele de apa si se prajesc 3 minute. Adăugați sos de soia, vin sau sherry și făină de porumb și căliți timp de aproximativ 5 minute până când puiul este gătit.

Pui sarat cu castane de apa

pentru 4 persoane

30 ml / 2 linguri ulei de arahide
4 bucati de pui
3 cepe de primăvară (cepe), tocate
2 catei de usturoi, tocati
1 felie de ghimbir, tocata marunt
250 ml / 8 fl oz / 1 cană sos de soia
30 ml / 2 linguri vin de orez sau sherry uscat
30 ml / 2 linguri zahăr brun
5 ml/1 lingurita de sare

375 ml / 13 fl oz / 1¼ cani de apă

225 g / 8 oz castane de apă, feliate

15 ml / 1 lingură făină de porumb (amidon de porumb)

Încinge uleiul și prăjește bucățile de pui aurii. Adăugați ceapa primăvară, usturoiul și ghimbirul și prăjiți timp de 2 minute. Adăugați sos de soia, vin sau sherry, zahăr și sare și amestecați bine. Adăugați apa și aduceți la fiert, acoperiți și fierbeți timp de 20 de minute. Adăugați castanele de apă, acoperiți și fierbeți încă 20 de minute. Se amestecă făina de porumb cu puțină apă, se amestecă în sos și se fierbe, amestecând, până când sosul se limpezește și se îngroașă.

wonton de pui

pentru 4 persoane

4 ciuperci chinezești uscate
450 g / 1 lb piept de pui, tocat
225 g / 8 oz legume amestecate, tocate
1 ceapa primavara (ceapa primavara), tocata
15 ml/1 lingura sos de soia
2,5 ml / ½ linguriță sare
40 de piei wonton
1 ou bătut

Înmuiați ciupercile în apă caldă timp de 30 de minute, apoi scurgeți-le. Aruncați tulpinile și tăiați vârfurile. Se amestecă cu pui, legume, soia și sare.

Pentru a plia wonton-urile, țineți pielea în mâna stângă și puneți niște umplutură în mijloc. Ungeți marginile cu ou și pliați coaja într-un triunghi, sigilând marginile. Umeziți colțurile cu ou și răsuciți.

Se fierbe o oală cu apă. Adăugați wonton-urile și fierbeți timp de aproximativ 10 minute până când plutesc până deasupra.

aripioare de pui crocante

pentru 4 persoane

900 g / 2 lb aripioare de pui
60 ml / 4 linguri vin de orez sau sherry uscat
60 ml / 4 linguri sos de soia
50 g / 2 oz / ½ cană făină de porumb (maizena)
ulei de arahide pentru prajit

Puneți aripioarele de pui într-un castron. Se amestecă restul ingredientelor și se toarnă peste aripioarele de pui, amestecând bine pentru a le acoperi cu sos. Acoperiți și lăsați să stea 30 de minute. Încinge uleiul și prăjește puiul câte puțin până când este fiert și maro închis. Scurgeți bine pe prosoape de hârtie și țineți la cald în timp ce prăjiți puiul rămas.

Aripioare de pui cu cinci condimente

pentru 4 persoane

30 ml / 2 linguri ulei de arahide

2 catei de usturoi, tocati

450 g / 1 kilogram aripioare de pui

250 ml / 8 fl oz / 1 cană bulion de pui

30 ml / 2 linguri sos de soia

5 ml/1 lingurita de zahar

5 ml / 1 linguriță praf de cinci condimente

Încinge uleiul și usturoiul până când usturoiul se rumenește ușor. Adăugați puiul și prăjiți până devine ușor colorat. Adăugați restul ingredientelor, amestecați bine și aduceți la fiert. Acoperiți și fierbeți timp de aproximativ 15 minute până când puiul este gătit. Scoateți capacul și continuați să gătiți la foc mic, amestecând din când în când, până când aproape tot lichidul s-a evaporat. Serviți cald sau rece.

Aripioare de pui marinate

pentru 4 persoane

45 ml / 3 linguri sos de soia

45 ml / 3 linguri vin de orez sau sherry uscat

30 ml / 2 linguri zahăr brun

5 ml / 1 linguriță rădăcină de ghimbir rasă

2 catei de usturoi, tocati

6 cepe de primăvară (cepe), tăiate felii

450 g / 1 kilogram aripioare de pui

30 ml / 2 linguri ulei de arahide

225 g / 8 oz muguri de bambus, feliați

20 ml / 4 lingurițe de făină de porumb (amidon de porumb)

175 ml / 6 fl oz / ¾ cană supă de pui

Amestecați soia, vinul sau sherry, zahărul, ghimbirul, usturoiul și ceapa primăvară. Adăugați aripioarele de pui și amestecați pentru a se acoperi complet. Acoperiți și lăsați să stea 1 oră, amestecând din când în când. Se încălzește uleiul și se prăjesc lăstarii de bambus timp de 2 minute. Scoateți-le din tigaie. Scurgeți puiul și ceapa, păstrați marinata. Se încălzește uleiul din nou și se prăjește puiul până se rumenește pe toate părțile. Acoperiți și gătiți încă 20 de minute până când puiul este fraged. Amestecați amidonul de porumb cu bulionul și marinada rezervată. Se toarnă peste pui și se fierbe, amestecând, până se îngroașă sosul. Adăugați lăstarii de bambus și fierbeți, amestecând, încă 2 minute.

Aripioare de pui regale

pentru 4 persoane

12 aripioare de pui
250 ml / 8 fl oz / 1 cană ulei de arahide (arahide)
15 ml/1 lingură zahăr granulat
2 cepe de primăvară (cepe), tăiate în bucăți
5 felii de rădăcină de ghimbir
5 ml/1 lingurita de sare
45 ml / 3 linguri sos de soia
250 ml / 8 fl oz / 1 cană vin de orez sau sherry uscat
250 ml / 8 fl oz / 1 cană bulion de pui
10 felii de muguri de bambus
15 ml / 1 lingură făină de porumb (amidon de porumb)
15 ml/1 lingura de apa
2,5 ml / ½ linguriță ulei de susan

Se fierb aripioarele de pui în apă clocotită timp de 5 minute și se scurg bine. Se incinge uleiul, se adauga zaharul si se amesteca pana se topeste si devine auriu. Adăugați puiul, ceapa primăvară, ghimbirul, sarea, sosul de soia, vinul și bulionul, aduceți la fiert și fierbeți timp de 20 de minute. Adăugați lăstarii de bambus și fierbeți timp de 2 minute sau până când lichidul aproape s-a evaporat. Amestecați făina de porumb cu apa, amestecați-o în tigaie și amestecați până devine groasă. Asezati aripioarele de pui pe o farfurie fierbinte de servire si serviti stropite cu ulei de susan.

Aripioare de pui condimentate

pentru 4 persoane

30 ml / 2 linguri ulei de arahide

5 ml/1 lingurita de sare

2 catei de usturoi, tocati

900 g / 2 lb aripioare de pui

30 ml / 2 linguri vin de orez sau sherry uscat

30 ml / 2 linguri sos de soia

30 ml / 2 linguri piure de roșii (pastă)

15 ml / 1 lingură sos Worcestershire

Se incinge uleiul, sarea si usturoiul si se prajesc pana usturoiul devine usor auriu. Adăugați aripioarele de pui și prăjiți, amestecând des, timp de aproximativ 10 minute până când devin maronii și aproape fierte. Adăugați ingredientele rămase și prăjiți aproximativ 5 minute până când puiul este crocant și gătit.

pulpe de pui la gratar

pentru 4 persoane

16 pulpe de pui

30 ml / 2 linguri vin de orez sau sherry uscat

30 ml / 2 linguri de otet

30 ml / 2 linguri ulei de măsline

sare si piper proaspat macinat

120 ml / 4 fl oz / ½ cană suc de portocale

30 ml / 2 linguri sos de soia

30 ml / 2 linguri de miere

15 ml/1 lingura suc de lamaie

2 felii de ghimbir, tocate

120 ml / 4 fl oz / ½ cană sos chili

Se amestecă toate ingredientele cu excepția sosului chilli, se acopera și se lasă la marinat la frigider peste noapte. Scoateți puiul din marinadă și puneți la grătar sau la grătar timp de aproximativ 25 de minute, întorcându-l și ungeți-l cu sosul chili pe măsură ce se gătește.

Pulpe de pui Hoisin

pentru 4 persoane

8 pulpe de pui

600 ml / 1 pct / 2½ dl supă de pui

sare si piper proaspat macinat

250 ml / 8 fl oz / 1 cană sos hoisin

30 ml / 2 linguri făină universală

2 oua batute

100 g / 4 oz / 1 cană pesmet

ulei pentru prajit

Puneți chiftelele și bulionul într-o cratiță, aduceți la fierbere, acoperiți și fierbeți timp de 20 de minute până când sunt fierte. Scoateți puiul din tigaie și uscați-l cu prosoape de hârtie. Puneti puiul intr-un bol si asezonati cu sare si piper. Se toarnă peste sosul hoisin și se lasă la marinat timp de 1 oră. Gol. Se pune puiul în făină, apoi se unge cu ou și pesmet, apoi din nou cu ou și pesmet. Se încălzește uleiul și se prăjește puiul aproximativ 5 minute până se rumenește. Scurgeți pe prosoape de hârtie și serviți cald sau rece.

pui la fiert

Face 4 până la 6 porții

75 ml / 5 linguri ulei de arahide (arahide)

1 pui

3 cepe de primăvară (cepe), tăiate felii

3 felii de rădăcină de ghimbir

120 ml / 4 fl oz / ½ cană sos de soia

30 ml / 2 linguri vin de orez sau sherry uscat

5 ml/1 lingurita de zahar

Încinge uleiul și prăjește puiul până se rumenește. Adăugați ceapa primăvară, ghimbirul, sosul de soia și vinul sau sherry și aduceți la fierbere. Acoperiți și fierbeți timp de 30 de minute, întorcându-le din când în când. Adăugați zahărul, acoperiți și fierbeți încă 30 de minute până când puiul este gătit.

pui prajit crocant

pentru 4 persoane

1 pui

Sare

30 ml / 2 linguri vin de orez sau sherry uscat

3 ceai (cei), tăiați cubulețe

1 felie rădăcină de ghimbir

30 ml / 2 linguri sos de soia

30 ml / 2 linguri de zahăr

5 ml / 1 linguriță cuișoare întregi

5 ml/1 lingurita de sare

5 ml / 1 linguriță boabe de piper

150 ml / ¼ pt / ½ cană generoasă bulion de pui

ulei pentru prajit

1 salata verde, tocata

4 roșii, feliate

½ castravete, feliat

Frecați puiul cu sare și lăsați să se odihnească timp de 3 ore. Clătiți și puneți într-un bol. Adăugați vin sau sherry, ghimbir, sos de soia, zahăr, cuișoare, sare, piper boabe și bulion și amestecați bine. Pune vasul într-un cuptor cu abur, acoperă și fierbe la abur timp de aproximativ 2 ¼ ore până când puiul este gătit. Gol. Se încălzește uleiul până se afumă, apoi se adaugă puiul și se prăjește până se rumenește. Se prăjește încă 5 minute, se scot din ulei și se scurge. Tăiați în bucăți și puneți pe un platou cald de servire. Se ornează cu salată verde, roșii și castraveți și se servește cu un dressing de sare și piper.

Pui întreg prăjit

Pentru 5 portii

1 pui
10 ml/2 linguriţe de sare
15 ml / 1 lingura vin de orez sau sherry uscat
2 ceai (opaţi), tăiaţi la jumătate
3 felii de rădăcină de ghimbir, tăiate fâşii
ulei pentru prajit

Uscaţi puiul şi frecaţi pielea cu sare şi vin sau sherry. Puneţi ceapa primăvară şi ghimbirul în gaură. Agăţaţi puiul să se usuce într-un loc răcoros timp de aproximativ 3 ore. Încinge uleiul şi pune puiul într-un coş de prăjit. Puneţi cu grijă în ulei şi ungeţi continuu din interior spre exterior până când puiul se rumeneşte uşor. Scoateţi din ulei şi lăsaţi să se răcească puţin în timp ce reîncălziţi uleiul. Se prăjeşte din nou până se rumeneşte. Se scurge bine si apoi se taie bucatele.

Pui cu cinci condimente

Face 4 până la 6 porții

1 pui

120 ml / 4 fl oz / ½ cană sos de soia

2,5 cm / 1 inch rădăcină de ghimbir, tocată mărunt

1 cățel de usturoi zdrobit

15 ml / 1 lingură praf de cinci condimente

30 ml / 2 linguri vin de orez sau sherry uscat

30 ml / 2 linguri de miere

2,5 ml / ½ linguriță ulei de susan

ulei pentru prajit

30 ml / 2 linguri de sare

5 ml / 1 linguriță piper proaspăt măcinat

Pune puiul într-o cratiță mare și umple până la jumătatea coapsei cu apă. Se păstrează 15 ml/1 lingură de sos de soia și se adaugă restul în tigaia cu ghimbirul, usturoiul și jumătate din pudra cu cinci condimente. Aduceți la fierbere, acoperiți și fierbeți timp de 5 minute. Opriți focul și lăsați puiul în apă până când apa este călduță. Gol.

Tăiați puiul în jumătate pe lungime și puneți-l cu partea tăiată în jos într-o tigaie. Amestecați sosul de soia rămas și pudra de cinci condimente cu vin sau sherry, miere și ulei de susan. Frecați amestecul peste pui și lăsați timp de 2 ore, periând din când în când cu amestecul. Încinge uleiul și prăjește jumătățile de pui timp de aproximativ 15 minute până când se rumenesc și sunt fierte. Scurgeți pe prosoape de hârtie și tăiați în bucăți.

Între timp, amestecați cu sare și piper și încălziți într-o tigaie uscată pentru aproximativ 2 minute. Serviți ca sos pentru pui.

Pui cu ghimbir si arpagic

pentru 4 persoane

1 pui

2 felii de rădăcină de ghimbir, tăiate fâșii

sare si piper proaspat macinat

90 ml / 4 linguri ulei de arahide (arahide)

8 cepe de primăvară (cepe), tocate mărunt

10 ml / 2 linguri otet de vin alb

5 ml / 1 linguriță sos de soia

Pune puiul într-o cratiță mare, adaugă jumătate de ghimbir și toarnă apă cât să acopere aproape puiul. Asezonați cu sare și piper. Aduceți la fierbere, acoperiți și fierbeți timp de aproximativ 1¼ oră până se înmoaie. Se lasa puiul in bulion pana se raceste. Scurgeți puiul și dați la frigider până se răcește. Tăiați în bucăți de servire.

Răziți ghimbirul rămas și amestecați cu ulei, ceapa primăvară, oțet și soia și sare și piper. Dați la frigider timp de 1 oră. Puneți bucățile de pui în bolul de servire și turnați peste dressingul de ghimbir. Serviți cu orez aburit.

pui poșat

pentru 4 persoane

1 pui

1,2 l / 2 puncte / 5 dl supă de pui sau apă
30 ml / 2 linguri vin de orez sau sherry uscat
4 cepe de primăvară (cepe), tocate
1 felie rădăcină de ghimbir
5 ml/1 lingurita de sare

Pune puiul într-o cratiță mare cu toate celelalte ingrediente. Bulionul sau apa trebuie să ajungă până la mijlocul coapsei. Aduceți la fiert, acoperiți și fierbeți timp de aproximativ 1 oră până când puiul este gătit. Scurgeți, rezervând bulionul pentru supe.

Pui fiert roșu

pentru 4 persoane

1 pui

250 ml / 8 fl oz / 1 cană sos de soia

Puneti puiul intr-o cratita, turnati peste sosul de soia si umpleti cu apa aproape ca sa acopere puiul. Aduceți la fiert, acoperiți și fierbeți timp de aproximativ 1 oră până când puiul este gătit, întorcându-l din când în când.

Pui cu condimente gătit în roșu

pentru 4 persoane

2 felii de rădăcină de ghimbir

2 cepe de primăvară (cepe)

1 pui

3 cuişoare anason stelat

½ baton de scortisoara

15 ml / 1 lingură boabe de piper Sichuan

75 ml / 5 linguri sos de soia

75 ml / 5 linguri vin de orez sau sherry uscat

75 ml / 5 linguri ulei de susan

15 ml/1 lingura de zahar

Puneţi ghimbirul şi ceapa primăvară în cavitatea puiului şi puneţi puiul într-o cratiţă. Legaţi anasonul stelat, scorţişoară şi boabe de piper într-o bucată de muselină şi puneţi în tigaie. Se toarnă peste sos de soia, vin sau sherry şi ulei de susan. Aduceţi la fierbere, acoperiţi şi fierbeţi timp de aproximativ 45 de minute. Adăugaţi zahărul, acoperiţi şi fierbeţi încă 10 minute până când puiul este fiert.

pui prajit cu susan

pentru 4 persoane

50g / 2oz seminţe de susan

1 ceapa tocata marunt

2 catei de usturoi tocati

10 ml/2 linguriţe de sare

1 ardei iute roșu uscat, zdrobit

un praf de cuisoare macinate

2,5 ml / ½ linguriță cardamom măcinat

2,5 ml / ½ linguriță ghimbir măcinat

75 ml / 5 linguri ulei de arahide (arahide)

1 pui

Amestecați toate condimentele și uleiul și ungeți puiul. Se pune intr-o tava adanca si se adauga 30 ml/2 linguri de apa in tigaie. Prăjiți într-un cuptor preîncălzit la 180°C/350°F/gaz 4 timp de aproximativ 2 ore, ungeți și răsturnând puiul din când în când, până când devine auriu și fiert. Dacă este necesar, mai adăugați puțină apă pentru a evita arderea.

Pui în sos de soia

Face 4 până la 6 porții

300 ml / ½ pt / 1¼ cani sos de soia

300 ml / ½ pt / 1¼ cană vin de orez sau sherry uscat

1 ceapa tocata

3 felii de rădăcină de ghimbir, tocate

50 g / 2 oz / ¼ cană zahăr

1 pui
15 ml / 1 lingură făină de porumb (amidon de porumb)
60 ml / 4 linguri de apă
1 castravete, curatat de coaja si feliat
30 ml / 2 linguri patrunjel proaspat tocat

Amestecați soia, vinul sau sherry, ceapa, ghimbirul și zahărul într-o cratiță și aduceți la fiert. Adăugați puiul, aduceți din nou la fierbere, acoperiți și fierbeți timp de 1 oră, întorcând puiul din când în când până când este fiert. Transferați puiul pe un platou de servire cald și feliați. Se toarnă toate, cu excepția 250 ml / 8 fl oz / 1 cană de lichid de gătit și revigorează. Amestecați făina de porumb și apa într-o pastă, amestecați-o în tigaie și fierbeți, amestecând, până când sosul se limpezește și se îngroașă. Peste pui se intinde putin sos si se orneaza puiul cu castraveti si patrunjel. Servește sosul rămas separat.

pui la aburi

pentru 4 persoane

1 pui
45 ml / 3 linguri vin de orez sau sherry uscat
Sare
2 felii de rădăcină de ghimbir
2 cepe de primăvară (cepe)

250 ml / 8 fl oz / 1 cană bulion de pui

Pune puiul într-un vas rezistent la cuptor și freci cu vin sau sherry și sare și pune ghimbirul și ceapa primăvară în gaură. Așezați vasul pe un suport într-un cuptor cu abur, acoperiți și fierbeți la abur peste apă clocotită timp de aproximativ 1 oră până când este fiert. Serviți cald sau rece.

Pui la abur cu anason

pentru 4 persoane

250 ml / 8 fl oz / 1 cană sos de soia

250 ml / 8 fl oz / 1 cană apă

15 ml/1 lingura zahar brun

4 cuișoare anason stelat

1 pui

Amestecați soia, apa, zahărul și anasonul într-o cratiță și aduceți la fierbere la foc mic. Așezați puiul într-un bol și ungeți bine amestecul în interior și în exterior. Se încălzește din nou amestecul și se repetă. Pune puiul într-un vas rezistent la cuptor. Așezați vasul pe un suport într-un cuptor cu abur, acoperiți și fierbeți la abur peste apă clocotită timp de aproximativ 1 oră până când este fiert.

pui cu gust ciudat

pentru 4 persoane

1 pui
5 ml / 1 lingurita ghimbir tocat marunt
5 ml / 1 linguriță usturoi tocat mărunt
45 ml / 3 linguri sos de soia gros
5 ml/1 lingurita de zahar

2,5 ml / ½ linguriță oțet

10 ml / 2 linguri de sos de susan

5 ml / 1 linguriță piper proaspăt măcinat

10 ml / 2 lingurițe ulei de ardei iute

½ salata verde, tocata

15 ml/1 lingura coriandru proaspat tocat

Puneti puiul intr-o cratita si umpleti-l cu apa pana ajunge la mijlocul pulpelor de pui. Aduceți la fierbere, acoperiți și fierbeți timp de aproximativ 1 oră până când puiul este fraged. Scoateți din tigaie și scurgeți bine și înmuiați în apă cu gheață până când carnea este complet rece. Se scurge bine si se taie bucati de 2/5 cm. Se amestecă toate ingredientele rămase și se toarnă peste pui. Se serveste ornat cu salata si coriandru.

Bucăți crocante de pui

pentru 4 persoane

100 g / 4 oz făină universală

vârf de cuțit de sare

15 ml/1 lingura de apa

1 ou

350 g / 12 oz pui gătit tăiat cubulețe

ulei pentru prajit

Amestecați făina, sarea, apa și ouăle până obțineți un aluat destul de tare, adăugând puțină apă dacă este necesar. Înmuiați bucățile de pui în aluat până când sunt bine acoperite. Încinge uleiul până este foarte fierbinte și prăjește puiul câteva minute până devine crocant și auriu.

Pui cu fasole verde

pentru 4 persoane

45 ml / 3 linguri ulei de arahide (arahide)
450 g / 1 lb pui fiert, tocat
5 ml/1 lingurita de sare
2,5 ml / ½ linguriță piper proaspăt măcinat
225 g fasole verde, tăiată în bucăți
1 tulpină de țelină, tăiată în diagonală
225 g / 8 oz ciuperci, feliate
250 ml / 8 fl oz / 1 cană bulion de pui

30 ml / 2 linguri faina de porumb (amidon de porumb)
60 ml / 4 linguri de apă
10 ml / 2 linguri de sos de soia

Se incinge uleiul si se prajeste puiul, se condimenteaza cu sare si piper pana capata putina culoare. Adăugați fasolea, țelina și ciupercile și amestecați bine. Adăugați bulionul, aduceți la fierbere, acoperiți și fierbeți timp de 15 minute. Amestecați făina de porumb, apa și soia într-o pastă, amestecați-o în tigaie și fierbeți, amestecând, până când sosul se limpezește și se îngroașă.

Pui fiert cu ananas

pentru 4 persoane

45 ml / 3 linguri ulei de arahide (arahide)
225 g / 8 oz pui gătit, tăiat cubulețe
sare si piper proaspat macinat
2 tulpini de telina, taiate in diagonala
3 felii de ananas, tăiate în bucăți
120 ml / 4 fl oz / ½ cană bulion de pui
15 ml/1 lingura sos de soia
10 ml / 2 linguri faina de porumb (amidon de porumb)

30 ml / 2 linguri de apă

Încinge uleiul și prăjește puiul până capătă puțină culoare. Se condimentează cu sare și piper, se adaugă țelina și se prăjește 2 minute. Adăugați ananasul, bulionul și soia și amestecați câteva minute până se încălzește. Amestecați făina de porumb și apa într-o pastă, amestecați în tigaie și fierbeți, amestecând, până când sosul se limpezește și se îngroașă.

Pui cu ardei si rosii

pentru 4 persoane

45 ml / 3 linguri ulei de arahide (arahide)
450 g / 1 lb pui fiert, feliat
10 ml/2 lingurițe de sare
5 ml / 1 linguriță piper proaspăt măcinat
1 ardei verde taiat bucati
4 roșii mari, decojite și tăiate felii
250 ml / 8 fl oz / 1 cană bulion de pui
30 ml / 2 linguri faina de porumb (amidon de porumb)
15 ml/1 lingura sos de soia
120 ml / ½ cană apă

Se încălzește uleiul și se prăjește puiul, se condimentează cu sare și piper, până se rumenește. Adăugați ardeii și roșiile. Se toarnă bulion, se aduce la fierbere, se acoperă și se fierbe timp de 15 minute. Amestecați făina de porumb, soia și apa într-o pastă, amestecați-o în tigaie și fierbeți, amestecând, până când sosul se limpezește și se îngroașă.

pui susan

pentru 4 persoane

450 g / 1 lb pui fiert, tăiat fâșii
2 felii de ghimbir tocat marunt
1 ceapa primavara (ceapa primavara), tocata marunt
sare si piper proaspat macinat
60 ml / 4 linguri vin de orez sau sherry uscat
60 ml / 4 linguri ulei de susan
10 ml / 2 lingurițe de zahăr
5 ml / 1 linguriță oțet
150 ml / ¼ pt / ½ cană generos sos de soia

Pune puiul pe o farfurie de servire si presara ghimbir, ceapa primavara, sare si piper. Se amestecă vin sau sherry, ulei de susan, zahăr, oțet și soia. Se toarnă peste pui.

poussin prajit

pentru 4 persoane

2 pușini, tăiate la jumătate

45 ml / 3 linguri sos de soia

45 ml / 3 linguri vin de orez sau sherry uscat

120 ml / 4 fl oz / ½ cană ulei de arahide (arahide)

1 ceapa primavara (ceapa primavara), tocata marunt

30 ml / 2 linguri supă de pui

10 ml / 2 lingurițe de zahăr

5 ml / 1 linguriță ulei de ardei iute

5 ml / 1 linguriță pastă de usturoi

sare si piper

Puneți pușinele într-un castron. Se amestecă sosul de soia și vinul sau sherry, se toarnă peste pușină, se acoperă și se lasă la marinat timp de 2 ore, ungând des. Încinge uleiul și prăjește pușinele timp de aproximativ 20 de minute până când sunt fierte. Scoateți-le din tigaie și încălziți din nou uleiul. Puneți-le înapoi în tigaie și prăjiți până se rumenesc. Scurgeți cea mai mare parte din ulei. Se amestecă restul ingredientelor, se pun în tigaie și se încălzesc repede. Turnați peste pousins înainte de servire.

Turcia cu Mangetout

pentru 4 persoane

60 ml / 4 linguri ulei de arahide
2 cepe de primăvară (cepe), tocate
2 catei de usturoi, tocati
1 felie de ghimbir, tocata marunt
225 g / 8 oz piept de curcan, tăiat fâșii
225 g / 8 oz mazăre snap
100 g / 4 oz muguri de bambus, tăiați în fâșii
50 g / 2 oz castane de apă, tăiate fâșii
45 ml / 3 linguri sos de soia
15 ml / 1 lingura vin de orez sau sherry uscat
5 ml/1 lingurita de zahar
5 ml/1 lingurita de sare

15 ml / 1 lingură făină de porumb (amidon de porumb)

Se încălzesc 45 ml / 3 linguri de ulei şi se prăjesc ceapa primăvară, usturoiul şi ghimbirul până capătă puţină culoare. Se adauga curcanul si se prajeste 5 minute. Scoateţi din tavă şi lăsaţi deoparte. Încinge uleiul rămas şi prăjeşte mazărea de zahăr, lăstarii de bambus şi castanele de apă timp de 3 minute. Adăugaţi sosul de soia, vinul sau sherry, zahărul şi sarea şi întoarceţi curcanul în tigaie. Se caleste timp de 1 minut. Se amestecă făina de porumb cu puţină apă, se amestecă în tigaie şi se fierbe, amestecând, până când sosul se limpezeşte şi se îngroaşă.

Curcan cu boia

pentru 4 persoane

4 ciuperci chinezești uscate

30 ml / 2 linguri ulei de arahide

1 varză chinezească, tăiată fâșii

350 g / 12 oz curcan afumat, tăiat fâșii

1 ceapă feliată

1 ardei rosu taiat fasii

1 ardei verde taiat fasii

120 ml / 4 fl oz / ½ cană bulion de pui

30 ml / 2 linguri piure de roșii (pastă)

45 ml / 3 linguri de otet

30 ml / 2 linguri sos de soia

15 ml/1 lingura sos hoisin

10 ml / 2 lingurițe de făină de porumb (amidon de porumb)

câteva picături de ulei de chili

Înmuiați ciupercile în apă caldă timp de 30 de minute, apoi scurgeți-le. Aruncați tulpinile și tăiați vârfurile în fâșii. Se încălzește jumătate din ulei și se prăjește varza pentru aproximativ 5 minute sau până când este gătită. Scoateți din tigaie. Adăugați curcanul și prăjiți timp de 1 minut. Adăugați legumele și prăjiți timp de 3 minute. Se amesteca bulionul cu piureul de rosii, otetul si sosurile si se adauga in cratita cu varza. Amestecați amidonul de porumb cu puțină apă, amestecați în oală și aduceți la fiert în timp ce amestecați. Stropiți cu ulei de chili și fierbeți timp de 2 minute, amestecând continuu.

Curcan la grătar chinezesc

Se servește de la 8 la 10

1 curcan mic

600ml / 1pt / 2½ căni apă fierbinte

10 ml / 2 linguri ienibahar

500 ml / 16 fl oz / 2 căni de sos de soia

5 ml / 1 linguriță ulei de susan

10 ml/2 lingurițe de sare

45 ml / 3 linguri de unt

Pune curcanul in tigaie si toarna peste el apa fierbinte. Adăugați restul ingredientelor cu excepția untului și lăsați timp de 1 oră, întorcându-se de mai multe ori. Scoateți curcanul din lichid și ungeți cu unt. Se pune pe o tavă de copt, se acoperă lejer cu prosoape de hârtie și se prăjește într-un cuptor preîncălzit la 160°C/325°F/gaz 3 timp de aproximativ 4 ore, ungând din când în când cu lichidul de sos de soia. Scoateți folia și lăsați pielea să se crocante în ultimele 30 de minute de gătit.

Curcan cu nuci si ciuperci

pentru 4 persoane

450 g / 1 kg file de piept de curcan

sare si piper

suc de 1 portocala

15 ml / 1 lingură făină universală

12 nuci negre murate cu suc

5 ml / 1 linguriță făină de porumb (amidon de porumb)

15 ml/1 lingura ulei de arahide

2 cepe de primăvară (cepe), tăiate cubulețe

225g / 8oz ciuperci

45 ml / 3 linguri vin de orez sau sherry uscat

10 ml / 2 linguri de sos de soia

50 g / 2 oz / ½ cană unt

25 g / 1 oz nuci de pin

Tăiați curcanul în felii groase de 1 cm/½. Se stropesc cu sare, piper si suc de portocale si se pudreaza cu faina. Scurgeți și tăiați nucile în jumătate, păstrați lichidul și amestecați lichidul cu amidonul de porumb. Se încălzește uleiul și se prăjește curcanul până se rumenește. Adăugați ceapa primăvară și ciupercile și prăjiți timp de 2 minute. Adăugați vin sau sherry și soia și fierbeți timp de 30 de secunde. Adăugați nucile în amestecul de mălai, apoi aruncați-le în tigaie și aduceți-le la fiert. Adăugați untul în fulgi mici, dar nu lăsați amestecul să fiarbă. Prăjiți nucile de pin într-o tigaie uscată până se rumenesc. Transferați amestecul de curcan într-un vas de servire cald și serviți ornat cu nuci de pin.

Rață cu muguri de bambus

pentru 4 persoane

6 ciuperci chinezești uscate

1 rata

50 g / 2 oz șuncă afumată, tăiată fâșii

100 g / 4 oz muguri de bambus, tăiați în fâșii

2 cepe de primăvară (cepe), tăiate fâșii

2 felii de rădăcină de ghimbir, tăiate fâșii

5 ml/1 lingurita de sare

Înmuiați ciupercile în apă caldă timp de 30 de minute, apoi scurgeți-le. Aruncați tulpinile și tăiați vârfurile în fâșii. Pune toate ingredientele într-un castron termorezistent și pune-le într-o cratiță plină cu apă până la umplerea a două treimi. Aduceți la fierbere, acoperiți și fierbeți timp de aproximativ 2 ore până când rața este gătită, completând cu apă clocotită după cum este necesar.

Rață cu muguri de fasole

pentru 4 persoane

225 g / 8 oz muguri de fasole
45 ml / 3 linguri ulei de arahide (arahide)
450 g / 1 lb carne de rață fiartă
15 ml/1 lingura sos de stridii
15 ml / 1 lingura vin de orez sau sherry uscat
30 ml / 2 linguri de apă
2,5 ml / ½ linguriță sare

Se albesc mugurii de fasole în apă clocotită timp de 2 minute și se scurg. Încinge uleiul, prăjește mugurii de fasole timp de 30 de secunde. Se adaugă rața, se călește până se încălzește. Adăugați ingredientele rămase și prăjiți timp de 2 minute pentru a amesteca aromele. Serviți deodată.

rață înăbușită

pentru 4 persoane

4 cepe de primăvară (cepe), tocate

1 felie de ghimbir, tocata marunt

120 ml / 4 fl oz / ½ cană sos de soia

30 ml / 2 linguri vin de orez sau sherry uscat

1 rata

120 ml / 4 fl oz / ½ cană ulei de arahide (arahide)

600ml / 1pt / 2½ căni de apă

15 ml/1 lingura zahar brun

Amestecați ceapa de primăvară, ghimbirul, soia și vinul sau sherry și frecați-o peste rață în interior și în exterior. Încinge uleiul și prăjește rata până capătă puțină culoare pe toate părțile. Scurgeți uleiul. Adăugați apa și restul amestecului de sos de soia, aduceți la fiert, acoperiți și fierbeți timp de 1 oră. Adăugați zahărul, acoperiți și fierbeți încă 40 de minute până când rața este fragedă.

Rață la abur cu țelină

pentru 4 persoane

350 g / 12 oz rață fiartă, feliată

1 cap de telina

250 ml / 8 fl oz / 1 cană bulion de pui

2,5 ml / ½ linguriță sare

5 ml / 1 linguriță ulei de susan

1 roșie, tăiată felii

Așezați rața pe un suport de abur. Tăiați țelina în bucăți lungi de 3/7,5 cm și puneți-o într-o cratiță. Se toarnă bulionul, se condimentează cu sare și se pune cuptorul cu abur pe tigaie. Aduceți bulionul la fiert și fierbeți timp de aproximativ 15 minute până când țelina este fragedă și rața este încălzită. Pune rața și țelina pe o farfurie încălzită, stropim țelina cu ulei de susan și servim ornate cu felii de roșii.

Rață cu ghimbir

pentru 4 persoane

350g / 12oz piept de rata, feliat subtire

1 ou, batut usor

5 ml / 1 linguriță sos de soia

5 ml / 1 linguriță făină de porumb (amidon de porumb)

5 ml / 1 linguriță ulei de arahide

ulei pentru prajit

50 g / 2 oz muguri de bambus

50 g / 2 oz mazăre de zăpadă (mazăre)

2 felii de ghimbir, tocate

15 ml/1 lingura de apa

2,5 ml / ½ linguriță de zahăr

2,5 ml / ½ linguriță vin de orez sau sherry uscat

2,5 ml / ½ linguriță ulei de susan

Se amestecă rața cu ouă, soia, amidon de porumb și ulei și se lasă 10 minute. Încinge uleiul și prăjește rața și lăstarii de bambus până când sunt fierte și aurii. Scoateți din tavă și scurgeți bine. Se toarnă toate, cu excepția 15 ml / 1 lingură de ulei din tigaie și se prăjește rața, lăstarii de bambus, mazărea de zăpadă, ghimbirul, apă, zahărul și vinul sau sherry timp de 2 minute. Se serveste stropita cu ulei de susan.

Rață cu fasole verde

pentru 4 persoane

1 rata

60 ml / 4 linguri ulei de arahide

2 catei de usturoi, tocati

2,5 ml / ½ linguriță sare

1 ceapa tocata

15 ml / 1 lingură rădăcină de ghimbir ras

45 ml / 3 linguri sos de soia

120 ml / 4 fl oz / ½ cană vin de orez sau sherry uscat

60 ml / 4 linguri sos de rosii (ketchup)

45 ml / 3 linguri de otet

300 ml / ½ pt / 1 ¼ cani supa de pui

450 g / 1 kg fasole verde, feliată

praf de piper proaspat macinat

5 picături de ulei de chili

15 ml / 1 lingură făină de porumb (amidon de porumb)

30 ml / 2 linguri de apă

Tăiați rața în 8 sau 10 bucăți. Se încălzește uleiul și se prăjește rata până se rumenește. Transferați într-un castron. Adăugați usturoi, sare, ceapă, ghimbir, sos de soia, vin sau sherry, sos de roșii și oțet. Amestecați, acoperiți și marinați la frigider timp de 3 ore.

Se încălzește uleiul din nou, se adaugă rața, bulionul și marinata, se aduce la fierbere, se acoperă și se fierbe timp de 1 oră. Adăugați fasolea, acoperiți și fierbeți timp de 15 minute. Adăugați piper și ulei de chili. Se amestecă făina de porumb cu apa, se amestecă în tigaie și se fierbe, amestecând, până se îngroașă sosul.

rață friptă la abur

pentru 4 persoane

1 rata

sare si piper proaspat macinat

ulei pentru prajit

Sos Hoisin

Se condimentează rața cu sare și piper și se pune într-un bol termorezistent. Pune două treimi din tigaie într-o cratiță umplută cu apă, se aduce la fierbere, se acoperă și se fierbe timp de aproximativ 1 1/2 ore până când rața este fragedă. Se scurge si se lasa sa se raceasca.

Încinge uleiul și prăjește rața până devine crocantă și aurie. Scoateți și scurgeți bine. Tăiați în bucăți mici și serviți cu sos hoisin.

Rață cu fructe exotice

pentru 4 persoane

4 fileuri de piept de rata, taiate fasii

2,5 ml / ½ linguriță pudră cu cinci condimente

30 ml / 2 linguri sos de soia

15 ml/1 lingura ulei de susan

15 ml/1 lingura ulei de arahide

3 tulpini de telina, taiate cubulete

2 felii de ananas, taiate cubulete

100 g / 4 oz pepene galben, tăiat cubulețe

100 g / 4 oz lychees, tăiate la jumătate

130 ml / 4 fl oz / ½ cană bulion de pui

30 ml / 2 linguri piure de roșii (pastă)

30 ml / 2 linguri sos hoisin

10 ml / 2 lingurițe de oțet

praf de zahar brun

Pune rața într-un castron. Se amestecă pudra cu cinci condimente, sosul de soia și uleiul de susan, se toarnă peste rață și se lasă la marinat timp de 2 ore, amestecând din când în când. Încinge uleiul și prăjește rața timp de 8 minute. Scoateți din tigaie. Adăugați țelina și fructele și prăjiți timp de 5 minute. Rata se pune inapoi in tigaie cu restul ingredientelor, se aduce la fiert si se fierbe, amestecand, timp de 2 minute inainte de servire.

Rață înăbușită cu frunze chinezești

pentru 4 persoane

1 rata

30 ml / 2 linguri vin de orez sau sherry uscat

30 ml / 2 linguri sos hoisin

15 ml / 1 lingură făină de porumb (amidon de porumb)

5 ml/1 lingurita de sare

5 ml/1 lingurita de zahar

60 ml / 4 linguri ulei de arahide

4 cepe de primăvară (cepe), tocate

2 catei de usturoi, tocati

1 felie de ghimbir, tocata marunt

75 ml / 5 linguri sos de soia

600ml / 1pt / 2½ căni de apă

225 g / 8 oz frunze chinezești, rupte

Tăiați rața în aproximativ 6 bucăți. Combinați vinul sau sherry, sosul hoisin, amidonul de porumb, sarea și zahărul și frecați rața. Se lasa 1 ora. Încinge uleiul și prăjește ceapa primăvară, usturoiul și ghimbirul pentru câteva secunde. Adăugați rata și prăjiți până se colorează ușor pe toate părțile. Scurgeți orice exces de grăsime. Se toarnă soia și apă, se aduce la fierbere, se acoperă și se fierbe timp de aproximativ 30 de minute. Adăugați frunzele chinezești, acoperiți din nou și fierbeți încă 30 de minute până când rața este fragedă.

rață beată

pentru 4 persoane

2 cepe de primăvară (cepe), tocate
2 catei de usturoi tocati
1,5 l / 2½ puncte / 6 căni de apă
1 rata
450 ml / ¾ pt / 2 cani de vin de orez sau sherry uscat

Puneti ceapa primavara, usturoiul si apa intr-o cratita mare si aduceti la fiert. Adăugați rața, aduceți la fierbere, acoperiți și fierbeți timp de 45 de minute. Scurgeți bine, păstrând lichidul pentru stoc. Lăsați rața să se răcească, apoi dați la frigider peste noapte. Tăiați rața în bucăți și puneți-le într-un borcan mare cu capac cu șurub. Se toarnă peste vin sau sherry și se dă la frigider pentru aproximativ 1 săptămână înainte de a decanta și de a servi rece.

cinci rață condimentată

pentru 4 persoane

150 ml / ¼ pt / ½ cană generos de vin de orez sau sherry uscat

150 ml / ¼ pt / ½ cană generos sos de soia

1 rata

10 ml / 2 lingurițe de pudră de cinci condimente

Fierbeți vinul sau sherry și sosul de soia. Adăugați rața și gătiți la foc mic, întorcându-se aproximativ 5 minute. Scoateți rata din tigaie și frecați pulberea cu cinci condimente în piele. Întoarceți pasărea în tigaie și adăugați suficientă apă pentru a acoperi pe jumătate rața. Aduceți la fierbere, acoperiți și fierbeți timp de aproximativ 1 1/2 oră până când rața este fragedă, întorcându-se și ungând des. Tăiați rața în bucăți de 5/2 cm și serviți caldă sau rece.

Rață sotă cu ghimbir

pentru 4 persoane

1 rata

2 felii de ghimbir, ras

2 cepe de primăvară (cepe), tocate

15 ml / 1 lingură făină de porumb (amidon de porumb)

30 ml / 2 linguri sos de soia

30 ml / 2 linguri vin de orez sau sherry uscat

2,5 ml / ½ linguriță sare

45 ml / 3 linguri ulei de arahide (arahide)

Scoateți carnea de pe oase și tăiați-o în bucăți. Amestecați carnea cu toate celelalte ingrediente, cu excepția uleiului. Se lasa 1 ora. Se încălzește uleiul și se prăjește rața cu marinada timp de aproximativ 15 minute până când rața este moale.

Rață cu șuncă și praz

pentru 4 persoane

1 rata

450 g / 1 kg sunca afumata

2 praz

2 felii de ghimbir, tocate

45 ml / 3 linguri vin de orez sau sherry uscat

45 ml / 3 linguri sos de soia

2,5 ml / ½ linguriță sare

Puneți rata într-o cratiță și acoperiți doar cu apă rece. Aduceți la fierbere, acoperiți și fierbeți timp de aproximativ 20 de minute. Scurgeți și rezervați 450 ml / ¾ puncte / 2 căni bulion. Lăsați rața să se răcească puțin, apoi tăiați carnea de pe oase și tăiați-o în pătrate de 5 cm. Tăiați șunca în bucăți similare. Tăiați bucăți lungi de praz și rulați o felie de rață și șuncă în interiorul frunzei și legați-le cu sfoară. Puneți într-un recipient rezistent la căldură. Adăugați ghimbir, vin sau sherry, sos de soia și sare în bulionul rezervat și turnați peste rulourile de rață. Pune vasul într-o tigaie plină cu apă până când ajunge la două treimi în sus pe marginile vasului. Se aduce la fierbere, se acoperă și se fierbe timp de aproximativ 1 oră până când rața este fragedă.

rață friptă cu miere

pentru 4 persoane

1 rata

Sare

3 catei de usturoi, tocati

3 cepe de primăvară (cepe), tocate

45 ml / 3 linguri sos de soia

45 ml / 3 linguri vin de orez sau sherry uscat

45 ml / 3 linguri de miere

200 ml / 7 fl oz / puțin sub 1 cană apă clocotită

Uscați rața și frecați-o cu sare în interior și în exterior. Amestecați usturoiul, ceapa primăvară, sosul de soia și vinul sau sherry, apoi împărțiți amestecul în jumătate. Amesteca mierea in mijloc si freaca-o pe rata, apoi las-o sa se usuce. Adăugați apă la amestecul de miere rămas. Turnați amestecul de soia în cavitatea rației și puneți-l pe un grătar într-o tigaie cu puțină apă în fund. Prăjiți într-un cuptor preîncălzit la 180°C/350°F/marcă 4 timp de aproximativ 2 ore până când rața este fragedă, ungeți cu amestecul de miere rămas pe tot parcursul gătitului.

rață friptă umedă

pentru 4 persoane

6 cepe de primăvară (cepe), tocate
2 felii de ghimbir, tocate
1 rata
2,5 ml / ½ linguriță de anason măcinat
15 ml/1 lingura de zahar
45 ml / 3 linguri vin de orez sau sherry uscat
60 ml / 4 linguri sos de soia
250 ml / 8 fl oz / 1 cană apă

Pune jumătate din ceapă și ghimbir într-o tigaie mare, cu fundul greu. Restul se pune în cavitatea rației și se pune în tigaie. Adăugați toate ingredientele rămase, cu excepția sosului hoisin, aduceți la fierbere, acoperiți și fierbeți timp de aproximativ 1 1/2 oră, întorcându-le din când în când. Scoateți rata din tigaie și lăsați-o să se usuce aproximativ 4 ore.

Pune rața pe un grătar într-o tigaie umplută cu puțină apă rece. Se prăjește într-un cuptor preîncălzit la 230°C/450°F/gaz 8 timp de 15 minute, apoi se întoarce și se prăjește încă 10 minute până devine crocant. Între timp, reîncălziți lichidul rezervat și turnați peste rață pentru a servi.

Rață sotă cu ciuperci

pentru 4 persoane

1 rata
75 ml / 5 linguri ulei de arahide (arahide)
45 ml / 3 linguri vin de orez sau sherry uscat
15 ml/1 lingura sos de soia
15 ml/1 lingura de zahar
5 ml/1 lingurita de sare
praf de piper
2 catei de usturoi, tocati
225 g / 8 oz ciuperci, tăiate la jumătate
600 ml / 1 pct / 2½ dl supă de pui
15 ml / 1 lingură făină de porumb (amidon de porumb)
30 ml / 2 linguri de apă
5 ml / 1 linguriță ulei de susan

Tăiați rața în 5 cm / 2 bucăți. Se încălzesc 45 ml / 3 linguri de ulei și se prăjește rața până se colorează ușor pe toate părțile. Adăugați vin sau sherry, soia, zahăr, sare și piper și prăjiți timp de 4 minute. Scoateți din tigaie. Se încălzește uleiul rămas și se prăjește usturoiul până capătă puțină culoare. Adăugați ciupercile și amestecați până când sunt acoperite cu ulei, apoi turnați amestecul de rață înapoi în tigaie și adăugați bulionul. Se aduce la fierbere, se acoperă și se fierbe timp de aproximativ 1 oră până când rața este fragedă. Amestecați făina de porumb și apa într-o pastă, apoi amestecați-o în amestec și fierbeți, amestecând, până când sosul se îngroașă. Stropiți cu ulei de susan și serviți.

Rață cu două ciuperci

pentru 4 persoane

6 ciuperci chinezești uscate

1 rata

750 ml / 1 ¼ pct / 3 dl supă de pui

45 ml / 3 linguri vin de orez sau sherry uscat

5 ml/1 lingurita de sare

100 g / 4 oz muguri de bambus, tăiați în fâșii

100g / 4oz ciuperci

Înmuiați ciupercile în apă caldă timp de 30 de minute, apoi scurgeți-le. Aruncați tulpinile și tăiați vârfurile în jumătate. Puneți rața într-un castron mare rezistent la căldură cu bulion, vin sau sherry și sare și puneți-o într-o cratiță umplută cu apă la două treimi în sus pe marginile vasului. Aduceți la fierbere, acoperiți și fierbeți timp de aproximativ 2 ore până când rața este fragedă. Scoateți din tigaie și tăiați carnea de pe os. Transferați lichidul de gătit într-o tigaie separată. Așezați lăstarii de bambus și ambele tipuri de ciuperci în fundul vasului cu abur, înlocuiți carnea de rață, acoperiți și fierbeți încă 30 de minute. Fierbeți lichidul de gătit și turnați peste rață pentru a servi.

Tocană de rață cu ceapă

pentru 4 persoane

4 ciuperci chinezești uscate

1 rata

90 ml / 6 linguri sos de soia

60 ml / 4 linguri ulei de arahide

1 ceapa primavara (ceapa primavara), tocata

1 felie de ghimbir, tocata marunt

45 ml / 3 linguri vin de orez sau sherry uscat

450 g / 1 liră ceapă, feliată

100 g / 4 oz muguri de bambus, feliați

15 ml/1 lingura zahar brun

15 ml / 1 lingură făină de porumb (amidon de porumb)

45 ml / 3 linguri de apă

Înmuiați ciupercile în apă caldă timp de 30 de minute, apoi scurgeți-le. Aruncați tulpinile și tăiați vârfurile. Frecați 15 ml / 1 lingură de sos de soia pe rață. Rezervând 15 ml / 1 lingură de ulei, încălziți uleiul rămas și prăjiți ceapa primăvară și ghimbirul până se colorează ușor. Adăugați rata și prăjiți până se colorează ușor pe toate părțile. Elimina excesul de grasime. Adaugati vinul sau sherry, sosul de soia ramas in tigaie si apa cat sa acopere aproape rața. Aduceți la fierbere, acoperiți și fierbeți timp de 1 oră, întorcându-le din când în când.

Încinge uleiul rezervat și prăjește ceapa până se înmoaie. Se ia de pe foc și se adaugă lăstarii de bambus și ciupercile, apoi se adaugă rața, se acoperă și se mai fierbe încă 30 de minute până când rața este fragedă. Scoateți rața din tigaie, tăiați-o bucăți și puneți-o pe o farfurie fierbinte de servire. Aduceți lichidele la fiert în oală, adăugați zahărul și amidonul de porumb și fierbeți, amestecând, până când amestecul fierbe și se îngroașă. Se toarnă peste rață pentru a servi.

Rață cu portocală

pentru 4 persoane
1 rata
3 cepe de primăvară (cepe), tăiate în bucăți
2 felii de rădăcină de ghimbir, tăiate fâșii
1 felie de coajă de portocală
sare si piper proaspat macinat

Puneți rata într-o oală mare, acoperiți cu apă și aduceți la fierbere. Adăugați ceapa primăvară, ghimbirul și coaja de portocală, acoperiți și fierbeți timp de aproximativ 1 1/2 ore până când rața este fragedă. Se condimenteaza cu sare si piper, se scurge si se serveste.

Rață prăjită întreagă cu portocale

pentru 4 persoane

1 rata

2 catei de usturoi, taiati in jumatate

45 ml / 3 linguri ulei de arahide (arahide)

1 ceapă

1 portocală

120 ml / 4 fl oz / ½ cană vin de orez sau sherry uscat

2 felii de ghimbir, tocate

5 ml/1 lingurita de sare

Frecați usturoiul peste rață din interior spre exterior, apoi ungeți cu ulei. Ceapa decojită se găsește cu o furculiță, se așează împreună cu portocala nedecojită în cavitatea rației și se închide cu o frigărui. Așezați rața pe un grătar peste o tigaie umplută cu puțină apă fierbinte și prăjiți-l într-un cuptor preîncălzit la 160°C/325°F/gaz mark 3 timp de aproximativ 2 ore. Aruncați lichidul și întoarceți rața în tigaie. Se toarnă peste vin sau sherry și se stropește cu ghimbir și sare. Reveniți la cuptor pentru încă 30 de minute. Aruncați ceapa și portocala și tăiați rața în bucăți pentru a servi. Se toarnă suc de tigaie peste rață pentru a servi.

Rață cu pere și castane

pentru 4 persoane

225 g / 8 oz castane, decojite

1 rata

45 ml / 3 linguri ulei de arahide (arahide)

250 ml / 8 fl oz / 1 cană bulion de pui

45 ml / 3 linguri sos de soia

15 ml / 1 lingura vin de orez sau sherry uscat

5 ml/1 lingurita de sare

1 felie de ghimbir, tocata marunt

1 para mare, curatata de coaja si taiata felii groase

15 ml/1 lingura de zahar

Se fierb castanele timp de 15 minute și se scurg. Tăiați rața în bucăți de 5/2 cm. Se încălzește uleiul și se prăjește rața până capătă puțină culoare pe toate părțile. Scurgeți excesul de ulei, apoi adăugați bulion, sos de soia, vin sau sherry, sare și ghimbir. Aduceți la fierbere, acoperiți și fierbeți timp de 25 de minute, amestecând din când în când. Adăugați castanele, acoperiți și fierbeți încă 15 minute. Stropiți perele cu zahăr, puneți-le în tigaie și fierbeți timp de aproximativ 5 minute până se încălzesc.

Rață la Peking

pentru 6

1 rata
250 ml / 8 fl oz / 1 cană apă
120 ml / 4 fl oz / ½ cană miere
120 ml / 4 fl oz / ½ cană ulei de susan

Pentru clătite:
250 ml / 8 fl oz / 1 cană apă
225 g / 8 oz / 2 căni de făină universală
ulei de arahide pentru prajit

Pentru sosuri:
120 ml / 4 fl oz / ½ cană sos hoisin
30 ml / 2 linguri zahăr brun
30 ml / 2 linguri sos de soia
5 ml / 1 linguriță ulei de susan
6 cepe verde (cepe), tăiate pe lungime
1 castravete tăiat fâșii

Rața trebuie să fie întreagă, cu pielea intactă. Legați strâns gâtul cu sfoară și coaseți sau atașați deschiderea de jos. Tăiați o mică fante în partea laterală a gâtului, introduceți un pai și suflați aer sub piele până se umflă. Agățați rața peste o chiuvetă și lăsați-o să se odihnească timp de 1 oră.

Se fierbe o cratita cu apa, se adauga rata si se fierbe 1 minut, apoi se scoate si se usuca bine. Se fierbe apa si se adauga mierea. Frecați amestecul peste pielea de rață până se saturează. Atârnă rața peste un recipient într-un loc răcoros și aerisit timp de aproximativ 8 ore până când pielea devine tare.

Agățați rața sau puneți-o pe un grătar peste o tigaie și prăjiți-l într-un cuptor preîncălzit la 180°C/350°F/marcă de gaz 4 timp de aproximativ 1 oră și jumătate, periând regulat cu ulei de susan.

Pentru a face clătitele, aduceți apa la fiert și apoi adăugați treptat făina. Se framanta usor pana se moale aluatul, se acopera cu o carpa umeda si se lasa sa se odihneasca 15 minute. Se intinde pe o tabla tapata cu faina si se modeleaza un cilindru lung. Tăiați în felii de 1 inch / 2,5 cm, aplatizați la aproximativ ¼ / 5 mm grosime și ungeți partea de sus cu ulei. Stivuiți în perechi cu suprafețele unse cu ulei atingând și pudrați ușor exteriorul cu făină. Întindeți perile la aproximativ 10 cm / 4 inchi lățime și gătiți în perechi timp de aproximativ 1 minut pe fiecare parte, până când capătă puțină culoare. Separați și stivuiți până când sunt gata de servire.

Pregătiți sosurile amestecând jumătate din sosul hoisin cu zahărul și amestecând restul sosului hoisin cu sosul de soia și uleiul de susan.

Scoateți rata din cuptor, tăiați pielea și tăiați-o pătrate și carnea cubulețe. Aranjați pe farfurii separate și serviți cu clătite, sosuri și garnituri.

Rață înăbușită cu ananas

pentru 4 persoane

1 rata

400 g / 14 oz bucăți de ananas conservate în sirop

45 ml / 3 linguri sos de soia

5 ml/1 lingurita de sare

praf de piper proaspat macinat

Puneți rata într-o cratiță cu fundul greu, acoperiți cu suficientă apă, aduceți la fierbere, apoi acoperiți și fierbeți timp de 1 oră. Turnați siropul de ananas în tigaia cu sos de soia, sare și piper, acoperiți și gătiți la foc mic încă 30 de minute. Adăugați bucățile de ananas și fierbeți încă 15 minute până când rața este fragedă.

Rață sotă cu ananas

pentru 4 persoane

1 rata

45 ml / 3 linguri faina de porumb (amidon de porumb)

45 ml / 3 linguri sos de soia

225 g / 8 oz conserva de ananas în sirop

45 ml / 3 linguri ulei de arahide (arahide)

2 felii de rădăcină de ghimbir, tăiate fâșii

15 ml / 1 lingura vin de orez sau sherry uscat

5 ml/1 lingurita de sare

Tăiați carnea de pe os și tăiați-o în bucăți. Amestecați sosul de soia cu 30 ml / 2 linguri de mălai și amestecați cu rața până se îmbracă bine. Se lasă 1 oră, amestecând din când în când. Zdrobiți ananasul și siropul și încălziți ușor într-o cratiță. Se amestecă făina de porumb rămasă cu puțină apă, se amestecă în tigaie și se fierbe, amestecând, până se îngroașă sosul. Păstrează căldura. Încinge uleiul și prăjește ghimbirul până devine ușor auriu, apoi aruncă ghimbirul. Adăugați rața și prăjiți până se colorează ușor pe toate părțile. Adăugați vinul sau sherry și sarea și prăjiți încă câteva minute până când rața este gătită. Așezați rața pe un platou de servire încălzit, turnați peste sos și serviți imediat.

Ananas și Rață Ghimbir

pentru 4 persoane

1 rata

100 g / 4 oz ghimbir conservat în sirop

200 g / 7 oz bucăți de ananas conservate în sirop

5 ml/1 lingurita de sare

15 ml / 1 lingură făină de porumb (amidon de porumb)

30 ml / 2 linguri de apă

Puneți rața într-un castron termorezistent și puneți-o într-o cratiță umplută cu apă până când ajunge la două treimi în sus pe marginile vasului. Aduceți la fierbere, acoperiți și fierbeți timp de aproximativ 2 ore până când rața este fragedă. Scoatem rata si lasam sa se raceasca putin. Scoateți pielea și oasele și tăiați rața în bucăți. Se aseaza pe un platou de servire si se tine la cald.

Turnați ghimbir și siropul de ananas într-o cratiță, adăugați sare, făina de porumb și apă. Se aduce la fierbere, amestecând, și se fierbe câteva minute, amestecând, până când sosul se limpezește și se îngroașă. Adăugați ghimbirul și ananasul, amestecați și turnați peste rață pentru a servi.

Rață cu ananas și litchi

pentru 4 persoane

4 piept de rata
15 ml/1 lingura sos de soia
1 cuișoare de anason stelat
1 felie rădăcină de ghimbir
ulei de arahide pentru prajit
90 ml / 6 linguri de otet
100 g / 4 oz / ½ cană zahăr brun
250 ml / 8 fl oz / ½ cană bulion de pui
15 ml / 1 lingura sos de rosii (ketchup)
200 g / 7 oz bucăți de ananas conservate în sirop
15 ml / 1 lingură făină de porumb (amidon de porumb)
6 conserve de litchi
6 cirese maraschino

Puneți rațele, soia, anasonul și ghimbirul într-o cratiță și acoperiți cu apă rece. Aduceți la fierbere, degresați, apoi acoperiți și fierbeți timp de aproximativ 45 de minute până când rața este gătită. Scurgeți și uscați. Se prăjește în ulei încins până devine crocant.

Între timp, amestecați într-o cratiță oțetul, zahărul, bulionul, sosul de roșii și 30 ml / 2 linguri sirop de ananas, aduceți la fiert și fierbeți aproximativ 5 minute până se îngroașă. Adăugați fructele și încălziți înainte de a turna peste rață pentru a servi.

Rață cu porc și castane

pentru 4 persoane

6 ciuperci chinezești uscate

1 rata

225 g / 8 oz castane, decojite

225g/8oz carne de porc slabă, tăiată cubulețe

3 cepe de primăvară (cepe), tocate

1 felie de ghimbir, tocata marunt

250 ml / 8 fl oz / 1 cană sos de soia

900 ml / 1½ puncte / 3¾ cani de apă

Înmuiați ciupercile în apă caldă timp de 30 de minute, apoi scurgeți-le. Aruncați tulpinile și tăiați vârfurile. Puneți într-o tigaie mare cu toate ingredientele rămase, aduceți la fierbere, acoperiți și fierbeți timp de aproximativ 1 1/2 oră până când rața este gătită.

Rață cu cartofi

pentru 4 persoane

75 ml / 5 linguri ulei de arahide (arahide)

1 rata

3 catei de usturoi, tocati

30 ml / 2 linguri sos de fasole neagra

10 ml/2 lingurițe de sare

1,2 l / 2 puncte / 5 căni de apă

2 praz, feliat gros

15 ml/1 lingura de zahar

45 ml / 3 linguri sos de soia

60 ml / 4 linguri vin de orez sau sherry uscat

1 cuișoare de anason stelat

900 g / 2 lb cartofi, feliați gros

½ cap frunze chinezești

15 ml / 1 lingură făină de porumb (amidon de porumb)

30 ml / 2 linguri de apă

crengute de patrunjel cu frunze plate

Încinge 60 ml / 4 linguri de ulei și prăjește rața până se rumenește pe toate părțile. Legați sau coaseți capătul gâtului împreună și puneți rața, cu gâtul în jos, într-un castron adânc. Se încălzește uleiul rămas și se prăjește usturoiul până capătă puțină culoare.

Adăugați sosul de fasole neagră și sare și puneți la sot timp de 1 minut. Adăugați apă, praz, zahăr, soia, vin sau sherry și anason stelat și aduceți la fiert. Turnați 120 ml / 8 fl oz / 1 cană de amestec în cavitatea raței și legați sau coaseți pentru a se asigura. Fierbeți restul amestecului în tigaie. Se adaugă rața și cartofii, se acoperă și se fierbe timp de 40 de minute, întorcând rața o dată. Pune frunzele chinezești pe o farfurie de servire. Scoatem rata din tigaie, taiem bucatele de 5/2 cm si asezam pe farfuria de servire cu cartofii. Amestecați făina de porumb cu apa până obțineți o pastă,

Rață fiartă roșie

pentru 4 persoane

1 rata
4 cepe de primăvară (cepe), tăiate în bucăți
2 felii de rădăcină de ghimbir, tăiate fâșii
90 ml / 6 linguri sos de soia
45 ml / 3 linguri vin de orez sau sherry uscat
10 ml/2 lingurițe de sare
10 ml / 2 lingurițe de zahăr

Puneți rata într-o cratiță grea, acoperiți cu apă și aduceți la fierbere. Adăugați ceapa primăvară, ghimbirul, vinul sau sherry și sare, acoperiți și fierbeți timp de aproximativ 1 oră. Adăugați zahărul și fierbeți încă 45 de minute până când rața este fragedă. Tăiați rața pe un platou de servire și serviți caldă sau rece, cu sau fără sos.

Rață friptă cu vin de orez

pentru 4 persoane

1 rata

500 ml / 14 fl oz / 1¾ cani de vin de orez sau sherry uscat

5 ml/1 lingurita de sare

45 ml / 3 linguri sos de soia

Pune rața într-o tigaie grea cu sherry și sare, se aduce la fierbere, se acoperă și se fierbe la foc mic timp de 20 de minute. Scurgeți rata, păstrați lichidul și frecați-l cu sos de soia. Puneți pe un grătar într-o tavă umplută cu puțină apă fierbinte și prăjiți în cuptorul preîncălzit la 180°C/350°F/gaz marca 4 timp de aproximativ 1 oră, ungeți regulat cu lichidul de vin rezervat.

Rață la abur cu vin de orez

pentru 4 persoane

1 rata
4 ceai (opați), tăiați la jumătate
1 felie de ghimbir, tocata marunt
250 ml / 8 fl oz / 1 cană vin de orez sau sherry uscat
30 ml / 2 linguri sos de soia
vârf de cuțit de sare

Se fierbe rața în apă clocotită timp de 5 minute și se scurge. Puneți într-un bol termorezistent împreună cu ingredientele rămase. Pune vasul într-o tigaie plină cu apă până când ajunge la două treimi în sus pe marginile vasului. Aduceți la fierbere, acoperiți și fierbeți timp de aproximativ 2 ore până când rața este fragedă. Aruncați ceapa primăvară și ghimbirul înainte de servire.

Rață de sare

pentru 4 persoane

45 ml / 3 linguri ulei de arahide (arahide)

4 piept de rata

3 cepe de primăvară (cepe), tăiate felii

2 catei de usturoi, tocati

1 felie de ghimbir, tocata marunt

250 ml / 8 fl oz / 1 cană sos de soia

30 ml / 2 linguri vin de orez sau sherry uscat

30 ml / 2 linguri zahăr brun

5 ml/1 lingurita de sare

450 ml / ¾ pt / 2 căni de apă

15 ml / 1 lingură făină de porumb (amidon de porumb)

Se incinge uleiul si se prajesc pieptul de rata aurii. Adăugați ceapa primăvară, usturoiul și ghimbirul și prăjiți timp de 2 minute. Adăugați sos de soia, vin sau sherry, zahăr și sare și amestecați bine. Adăugați apa, aduceți la fiert, acoperiți și fierbeți aproximativ 1 1/2 ore până când carnea este foarte fragedă. Făina de porumb se amestecă cu puțină apă, apoi se aruncă în tigaie și se fierbe, amestecând, până se îngroașă sosul.

Rață sărată cu fasole verde

pentru 4 persoane

45 ml / 3 linguri ulei de arahide (arahide)

4 piept de rata

3 cepe de primăvară (cepe), tăiate felii

2 catei de usturoi, tocati

1 felie de ghimbir, tocata marunt

250 ml / 8 fl oz / 1 cană sos de soia

30 ml / 2 linguri vin de orez sau sherry uscat

30 ml / 2 linguri zahăr brun

5 ml/1 lingurita de sare

450 ml / ¾ pt / 2 căni de apă

225 g / 8 oz fasole verde

15 ml / 1 lingură făină de porumb (amidon de porumb)

Se incinge uleiul si se prajesc pieptul de rata aurii. Adăugați ceapa primăvară, usturoiul și ghimbirul și prăjiți timp de 2 minute. Adăugați sos de soia, vin sau sherry, zahăr și sare și amestecați bine. Adăugați apa, aduceți la fiert, acoperiți și fierbeți timp de aproximativ 45 de minute. Adăugați fasolea, acoperiți și fierbeți încă 20 de minute. Făina de porumb se amestecă cu puțină apă, apoi se aruncă în tigaie și se fierbe, amestecând, până se îngroașă sosul.

Rață gătită lent

pentru 4 persoane

1 rata

50 g / 2 oz / ½ cană făină de porumb (maizena)

ulei pentru prajit

2 catei de usturoi, tocati

30 ml / 2 linguri vin de orez sau sherry uscat

30 ml / 2 linguri sos de soia

5 ml / 1 linguriță rădăcină de ghimbir rasă

750 ml / 1¼ pct / 3 dl supă de pui

4 ciuperci chinezești uscate

225 g / 8 oz muguri de bambus, feliați

225 g / 8 oz castane de apă, feliate

10 ml / 2 lingurițe de zahăr

praf de piper

5 cepe de primăvară (cepe), tăiate felii

Tăiați rața în bucăți mici. Rezervați 30 ml / 2 linguri de făină de porumb și acoperiți rața cu făina de porumb rămasă. Curăță excesul de praf. Încinge uleiul și prăjește usturoiul și rața până capătă puțină culoare. Scoateți din tavă și scurgeți pe prosoape de hârtie. Pune rața într-o tigaie mare. Amestecați vinul sau sherry, 15 ml / 1 lingură sos de soia și ghimbirul. Se pune in tigaie si se fierbe la foc mare 2 minute. Adăugați jumătate din bulion, aduceți la fiert, acoperiți și fierbeți aproximativ 1 oră până când rața este fragedă.

Între timp, înmuiați ciupercile în apă caldă timp de 30 de minute, apoi scurgeți-le. Aruncați tulpinile și tăiați vârfurile. Adăugați la rață ciupercile, lăstarii de bambus și castanele de apă și gătiți, amestecând des, timp de 5 minute. Scoateți grăsimea din lichid. Se amestecă bulionul rămas, făina de porumb și soia cu zahăr și piper și se amestecă în tigaie. Aduceți la fiert, amestecând și fierbeți aproximativ 5 minute până când sosul se îngroașă. Transferați într-un bol de servire cald și serviți ornat cu ceai.

Rață sotă

pentru 4 persoane

1 albus de ou, batut usor

20 ml / 1½ linguriță făină de porumb (maizena)

Sare

450 g / 1 lb piept de rata, feliat subtire

45 ml / 3 linguri ulei de arahide (arahide)

2 cepe de primăvară (cepe), tăiate fâșii

1 ardei verde taiat fasii

5 ml / 1 linguriță vin de orez sau sherry uscat

75 ml / 5 linguri supă de pui

2,5 ml / ½ linguriță de zahăr

Bate albusurile spuma cu 15 ml / 1 lingura de porumb si un praf de sare. Adăugați rața feliată și amestecați până când rața este acoperită. Se încălzește uleiul și se prăjește rata până când este gătită și aurie. Scoateți rata din tigaie și scurgeți toate, în afară de 30 ml / 2 linguri de ulei. Adăugați ceapa primăvară și boia și prăjiți timp de 3 minute. Adăugați vin sau sherry, bulion și zahăr și aduceți la fiert. Se amestecă făina de porumb rămasă cu puțină apă, se amestecă în sos și se fierbe, amestecând, până se îngroașă sosul. Adăugați rața, încălziți și serviți.

rață cu cartofi dulci

pentru 4 persoane

1 rata

250 ml / 8 fl oz / 1 cană ulei de arahide (arahide)

225 g / 8 oz cartofi dulci, curățați și tăiați cubulețe

2 catei de usturoi, tocati

1 felie de ghimbir, tocata marunt

2,5 ml / ½ linguriță scorțișoară

2,5 ml / ½ linguriță cuișoare măcinate

un praf de anason macinat

5 ml/1 lingurita de zahar

15 ml/1 lingura sos de soia

250 ml / 8 fl oz / 1 cană bulion de pui

15 ml / 1 lingură făină de porumb (amidon de porumb)

30 ml / 2 linguri de apă

Tăiați rața în 5 cm / 2 bucăți. Se încălzește uleiul și se prăjesc cartofii aurii. Scoateți-le din tigaie și scurgeți toate, în afară de 30 ml / 2 linguri de ulei. Se adaugă usturoiul și ghimbirul și se călesc timp de 30 de secunde. Adăugați rata și prăjiți până se colorează ușor pe toate părțile. Adăugați condimente, zahăr, soia și bulion și aduceți la fiert. Adăugați cartofii, acoperiți și fierbeți timp de aproximativ 20 de minute până când rața este fragedă. Se amestecă făina de porumb într-o pastă cu apa, apoi se amestecă în tigaie și se fierbe, amestecând, până se îngroașă sosul.

rață dulce-acrișoară

pentru 4 persoane

1 rata

1,2 l / 2 puncte / 5 dl supă de pui

2 cepe

2 morcovi

2 catei de usturoi, taiati felii

15 ml / 1 lingură condimente pentru murături

10 ml/2 lingurițe de sare

10 ml / 2 lingurite ulei de arahide

6 cepe de primăvară (cepe), tocate

1 mango, decojit și tăiat cubulețe

12 lychees, tăiate la jumătate

15 ml / 1 lingură făină de porumb (amidon de porumb)

15 ml/1 lingura de otet

10 ml / 2 linguri piure de rosii (pasta)

15 ml/1 lingura sos de soia

5 ml / 1 linguriță praf de cinci condimente

300 ml / ½ pt / 1 ¼ cani supa de pui

Pune rața într-un coș de aburi peste o tigaie care conține bulion, ceapă, morcov, usturoi, murături și sare. Acoperiți și gătiți la abur timp de 2 1/2 ore. Rata se raceste, se acopera si se da la frigider pentru 6 ore. Scoateți carnea de pe oase și tăiați-o cubulețe. Încinge uleiul și prăjește rața și ceapa primăvară până devin crocante. Adăugați restul ingredientelor, aduceți la fiert și fierbeți timp de 2 minute, amestecând, până se îngroașă sosul.

rață mandarină

pentru 4 persoane

1 rata

60 ml / 4 linguri ulei de arahide

1 bucată de coajă de mandarină uscată

900 ml / 1½ puncte / 3¾ cani supa de pui

5 ml/1 lingurita de sare

Atârnă rața la uscat timp de 2 ore. Se încălzește jumătate din ulei și se prăjește rața ușor aurie. Transferați într-un castron mare rezistent la căldură. Se încălzește uleiul rămas și se prăjește coaja de mandarine timp de 2 minute, apoi se pune în interiorul rațеi. Se toarnă bulionul peste rață și se condimentează cu sare. Așezați vasul pe un gratar într-un cuptor cu abur, acoperiți și gătiți la abur aproximativ 2 ore până când rața este fragedă.

Rață cu legume

pentru 4 persoane

1 rață mare, tăiată în 16 bucăți

Sare

300 ml / ½ pt / 1¼ cană apă

300 ml / ½ pt / 1¼ cani de vin alb sec

120 ml / 4 fl oz / ½ cană oțet

45 ml / 3 linguri sos de soia

30 ml / 2 linguri sos de prune

30 ml / 2 linguri sos hoisin

5 ml / 1 linguriță praf de cinci condimente

6 cepe de primăvară (cepe), tocate

2 morcovi, tocați

5 cm / 2 ridichi alba tocata

50 g / 2 oz bok choy, tăiate cubulețe

piper proaspăt măcinat

5 ml/1 lingurita de zahar

Puneți bucățile de rață într-un bol, stropiți cu sare și adăugați apa și vinul. Adăugați oțetul, sosul de soia, sosul de prune, sosul hoisin și praf de cinci condimente, aduceți la fierbere, acoperiți și fierbeți timp de aproximativ 1 oră. Adăugați legumele în oală, scoateți capacul și fierbeți încă 10 minute. Se condimenteaza cu sare, piper si zahar si se lasa sa se raceasca. Acoperiți și lăsați la frigider peste noapte. Tăiați grăsimea și apoi încălziți rața în sos timp de 20 de minute.

Rață sotă cu legume

pentru 4 persoane

4 ciuperci chinezești uscate

1 rata

10 ml / 2 lingurițe de făină de porumb (amidon de porumb)

15 ml/1 lingura sos de soia

45 ml / 3 linguri ulei de arahide (arahide)

100 g / 4 oz muguri de bambus, tăiați în fâșii

50 g / 2 oz castane de apă, tăiate fâșii

120 ml / 4 fl oz / ½ cană bulion de pui

15 ml / 1 lingura vin de orez sau sherry uscat

5 ml/1 lingurita de sare

Înmuiați ciupercile în apă caldă timp de 30 de minute, apoi scurgeți-le. Aruncați tulpinile și vârfurile zarurilor. Scoateți carnea de pe oase și tăiați-o în bucăți. Se amestecă făina de porumb și soia, se adaugă carnea de rață și se lasă 1 oră. Încinge uleiul și prăjește rata până capătă puțină culoare pe toate părțile. Scoateți din tigaie. Adăugați în tigaie ciupercile, lăstarii de bambus și castanele de apă și prăjiți timp de 3 minute. Adăugați bulion, vin sau sherry și sare, aduceți la fiert și fierbeți timp de 3 minute. Rața se pune înapoi în tigaie, se acoperă și se fierbe încă 10 minute până când rața este fragedă.

Rață fiartă albă

pentru 4 persoane

1 felie de ghimbir, tocata marunt
250 ml / 8 fl oz / 1 cană vin de orez sau sherry uscat
sare si piper proaspat macinat
1 rata
3 cepe de primăvară (cepe), tocate
5 ml/1 lingurita de sare
100 g / 4 oz muguri de bambus, feliați
100 g / 4 oz șuncă afumată, feliată

Amestecați ghimbirul, 15 ml / 1 lingură de vin sau sherry, puțină sare și piper. Frecați rața și lăsați timp de 1 oră. Puneți pasărea într-o tigaie grea cu marinada și adăugați ceapa primăvară și sare. Adăugați suficientă apă rece doar pentru a acoperi rața, aduceți la fierbere, acoperiți și fierbeți timp de aproximativ 2 ore până când rața este fragedă. Adăugați lăstarii de bambus și șunca și fierbeți încă 10 minute.

rață cu vin

pentru 4 persoane

1 rata

15 ml/1 lingură sos de fasole galbenă

1 ceapă feliată

1 sticla de vin alb sec

Frecați rața în exterior și înăuntru cu sos de fasole galbenă. Pune ceapa în gaură. Se fierbe vinul într-o cratiță mare, se adaugă rața, se aduce la fierbere, se acoperă și se fierbe timp de aproximativ 3 ore până când rața este fragedă. Scurgeți și tăiați felii pentru a servi.

www.ingramcontent.com/pod-product-compliance
Lightning Source LLC
Chambersburg PA
CBHW050344120526
44590CB00015B/1552